# 15歲開始的領導養成課

改革のカリスマ直伝！15歳からのリーダー養成講座

如何讓人願意聽你說話、幫你做事、接受你做出的決定？

工藤勇一 著

林于楟 譯

# 前言

我是橫濱創英國中．高中的校長，工藤勇一。歡迎來到**「十五歲開始的領導養成課」**。

這本書是我以在二〇二一年時，曾針對橫濱創英中學裡從國三到高三的有志學生們開設的特別課程：「領導者培育講座」（總計八堂）的內容為基礎，並於修改、潤飾後付梓成書。

以最基本的**「何謂領導能力」**揭開序幕，統整了**「整合團隊的方法」**、**「推進專案的方法」**、**「化解對立的方法」**、**「打動人心的遣辭用句」**等為了成為領導者所務必須要知道的重點。

為了讓國、高中生也能讀懂，我盡量用淺顯易懂的方法寫作，但大學生、社會人士來讀肯定也能派上用場。

領導者，是領導組織、團隊的人，其所必須擁有的資質與技能就稱為領導能力。

政治家和企業的經營者是領導者；學生會長、班長、社長也是領導者。不僅這些，家人、左鄰右舍、相同興趣的夥伴、地區團體等等，只要多數的人同心協力執行一件事情，或者一起解決問題時，就需要有個擔任領導者角色的人物。

我認為，領導能力，是**「生活在這個社會中的所有人必備的能力」**。

但我認為，日本的學校到目前為止，在領導能力這方面，總對學生灌輸偏頗的**「先入為主」**的概念。

「開朗活潑、很可靠、有包容力、有行動力、決斷力，有能力讓團隊團結起來。」

日本的國、高中生以及大學生心中的領導者形象，大致是以上這種感覺吧。

這和我教育學生們的領導者形象完全不同。

日本學校教育中熟悉的**「感情論事且抽象的領導者形象」**，從結果上來說，反而折磨著許多想成為領導者的學生，此外，這也讓許多學生在挑戰前就產生了「我絕對沒辦法成為領導者」的想法而放棄。

許多人在這類精神主義的風土民情中度過學生生活，連領導能力的基礎也不清楚就踏入社會，因此無法做出成果，或在人際關係中因而受挫痛苦。

嚴厲一點說，日本無法培育出領導者的根本原因出在學校教育上。更進一步說，出在老師們的指導教育上。

請讓我稍微列舉幾個多數學校採行的糟糕事例。

斥責學生「凝聚團隊就是你的工作吧」、「為什麼沒有提醒大家」、「領導者就得比其他人做更多工作才行」、「領導者隨時都要開朗積極」的老師。另一方面對不聽從領導者指示的學生，老師只會說「你們得幫忙才行啊」，並要求學生順從。

「做給他看、說給他聽、讓他自己嘗試，若不給予讚美，人是不會主動的。」這是戰前日本海軍元帥，山本五十六的名言。這句話被當作培育領導者的精髓，相當知名。

但如果只是「讓他自己嘗試」，**單純給予對方機會而已，是沒辦法培育人才的**。

給予的工作該實現什麼目的，是怎樣的課題，而為了要解決這個問題需要做到哪些事情等等，**針對每個對象，還需要適當地「說給他聽」**。

從這個角度來看，本書或許可說是統整了「說給他聽」這部分的精華。

本書當然希望想成為領導者的人、已經在各種場合成為領導者並且想要改變社會的人來閱讀，但也希望**有「我才不想擔任領導者這種麻煩的工作」**、**「我不適合當領導者」等想法的人來閱讀**。

如果因為讀完這本書，能讓你心目中理想的領導者形象和先前產生些許的不同，我會非常開心。

那麼，就讓我們立刻進入正題吧。

CONTENTS

## 第3堂課

# 失敗的原因在於「建立目標的方法」

CONTENTS

## 第4堂課 能產出好點子的技術



## 第5堂課 資訊的事實查核！

## 第6堂課 活用人才的技術

CONTENTS

第 1 堂 課

# 人沒那麼輕易聽命行事

LEADER

人人都能成為「好的領導者」。

不需要天賦才華。

人氣不高也沒問題。

但是，成為領導者的人，

有個非知曉不可的，

非常重要的事情。

那就是……

## 領導者不需要當超人

想要參加這個講座，表示大家對領導者這個角色的任務，以及領導能力這項資質有強烈的興趣。或許其中有人正擔任班長或社團社長的角色，有「身為領導者，卻不知道到底該做些什麼才好」的煩惱。

無論如何，大家非常幸運，能在國、高中生時期就對領導者以及領導能力產生興趣。這是因為**領導能力並非天生的天賦，而是透過訓練養成的能力**。取決於訓練方法也就表示，**人人都能成為領導者**。

順帶一提，我在大家這個年紀時，從來沒想過要成為領導者。比起站在眾人面前，我覺得站在領導者後方支持整個組織的「副手」更帥氣。

但當我站上講臺時，這一瞬間，我不得不自覺，自己對學生們來說便是不折不扣的領導者。我也領悟到，「副手」沒辦法創造出自己理想中的團隊。雖然遲了許久，但我在此終於產生想成為領導者的心情了。

這份心情經年累月越變越強烈，隨著我的經驗增長，反而逐漸變化成「我得要成為真正的領導者才行」的覺悟。

在那之後，我有意識地尋找經營學及心理學等相關的各類書籍來閱讀，留意相關的知識，但我更加重視的，是從**實地實踐中獲得的真正學習**。

其一，我透過學生的變化來回顧我對學生說過的話，進一步精煉。其二，我在學校這個職場中證明，透過我的實踐可以改變組織與教職員的意識。

我平常會指導參加綜合型甄選（日本舊制ＡＯ入學）的高三學生，提供論文對策與面試對策方面的建議。在沒有筆試的綜合型甄選中，會綜合評價個人的思考、能力、實際成果等項目，所以學生需要用言語來說明自己曾經做過的事情，以及從中學到什麼。

我和學生們面談之後感覺，真不愧是以綜合型甄選為目標的人，好幾個學生會用「我在高中時代，身為〇〇的領導者而相當努力」來介紹自己。但問他們「你認為領導者是怎樣的人物？」「你認為怎樣的人可以稱為『好的領導者呢』？」十之八九會回答「大概是……能團結團隊的人吧？」這類籠統的答案。

更進一步問「團結團隊是指哪些事情？」「你認為想要團結團隊需要做到

領導者不用是超人也沒關係

哪些事情呢？」也很少學生能夠說出具體的答案。

領導者到底**「該是怎樣的人」**呢？是**「可以做到哪些事情的人」**呢？

在橫濱創英國中・高中開設的講座當中，一開始就讓學生分組發表他們對於領導者有怎樣的印象。

**「有統率能力」**、**「視野遼闊」**、**「可以宏觀整體」**等等，學生們舉出身為領導者該具備的各種能力，讓人感覺學生相當可靠。

與此同時，我也擔心，學生們是不是**過於追求超乎必要的崇高人品**，是不是彷彿將領導者**視為超人來看待**了呢？

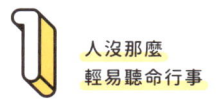

才華洋溢、有愛心、受到大家喜愛、受到眾人景仰。所以大家才會二話不說追隨他。在這世上，實際上有多少這樣的領導者呢？

如果領導者非得是這樣的人物不可，那我想我絕對無法成為領導者。

## 史蒂夫．賈伯斯（Steve Jobs）一開始也被員工討厭

大家認識**蘋果公司創辦者的史蒂夫．賈伯斯**嗎？他是把 iPhone 推上世界舞臺的人。但對我們這個世代的人來說，對於他創造出男女老少皆能使用的劃時代電腦——麥金塔電腦的印象更加強烈。

賈伯斯其實在蘋果公司內是個**受到大家極度厭惡**的人。他對於產品製造有諸多堅持，常逼迫員工達成不可能的任務，或是對員工口吐暴言，常常做出任性妄為的行動。

結果，讓他被趕出他創立的公司。順帶一提，他被趕出蘋果公司後創立的其中一家公司，就是製作出電影《玩具總動員》等，世界最知名、最大型的電腦動畫製片公司，皮克斯動畫工作室。

在他離開蘋果公司十一年後的一九九六年，賈伯斯被找回陷入經營困難的蘋果公司。蘋果公司現在已經是市值總額超過三兆美元，世界頂級的大公司之一（二〇二二年一月資料），但僅僅二十五年前，是個隨時破產都不奇怪的公司。

重回蘋果公司的賈伯斯執行大膽的裁員計畫，不停將深具魅力的產品推出市面，創造出現在蘋果公司的基礎。但他在二〇〇三年確診罹患胰臟癌。

從那之後，到他五十六歲逝世的二〇一一年之間，賈伯斯在為人方面也有所成長，從過去**「恐怖的領導者」**轉變為擁有卓越領導能力的**「受人愛戴的領導者」**。

賈伯斯很年輕時就是個相當優秀的經營者。他比任何人都強烈意識到「用我們創造出來的東西改變世界，讓更多的人擁有幸福」，這點無庸置疑。

但他**絕非從一開始就擁有卓越的領導能力**。

## 人不願意聽命行事／無法精準傳達想說的話

有能力**活用人才才是真正的領導者**。

為此，領導者需要具備哪些要素呢？

首先，先讓我舉出一項我總是相當重視的要素。

那就是，**理所當然接受「人不會那麼輕易聽命行事」這件事情**。

「接受人不會那麼輕易聽命行事」也就是擁有「人理所當然不會聽命行事」、「無法精準傳達想說的話是天經地義」等思維。

舉例來說，當遇到需要大家同心協力達成某目標的狀況，如果團隊中有毫無幹勁的成員，你是否會感到惱怒呢？特別是主導的人會特別不耐煩。

不僅如此，如果拜託該成員「麻煩你好好做事」也不見他改變態度，肯定會讓人更加惱火。

但是，現在的我碰到這種狀況也幾乎不會感到不耐煩了。

因為我理解，每個人的個性、思考模式、當天的心情、目標等理所當然各有不同，不可能順著領導者的心意行動，即使領導者拼命說明，說出口的話大半都無法打動對方的心。

這點相當重要，請讓我再度重申。**每個人都不同**。

所以**人不可能輕易聽命行事，話語也無法輕易傳達讓他人理解**。

而且話說回來，團隊成員也沒義務同意領導者的意見或聽從領導者的命令。

接受以上事實並進一步發揮團隊的功能，這就是領導者的使命。

冷靜思考後能理解這是理所當然的，但大多數的人都沒發現這個事實。偶爾還會認為**「只要我熱情闡述，大家就能理解我」**、**「只要施壓就能讓人行動」**。因為最大前提的思維有誤，這種人成為領導者時才會吃盡苦頭。

讓我們接下來針對使「不會輕易行動」的人採取行動的方法；針對傳達出「無法輕易傳達出去的話語」的方法再更進一步思考吧。

這需要「戰略」，用**「別試圖用真實無偽的自己從正面進攻」**說明也可以。單方主張自己的想法與熱情，並強迫對方同意，這並非好的領導者會做的事情。

每個人的想法各有不同，如果想要從正面進攻勢必會在某部分造成對立。只要意見有所對立，也會產生情感上的對立。化解這類對立的方法將在第七堂課〈化解對立的對話方法〉中說明，在這之中，**沒有比情感對立更糟糕的狀況了**。不僅弄僵人際關係，更再也無法有積極的談話。

話說回來，「戰略」這個名詞原為軍事用語，意指「俯瞰整體戰況，思考哪時在何處該用什麼方法戰鬥，才能以最少的損失實現己方的目標」。「啊，發現敵軍。全體進攻，總攻擊！」的戰鬥方法非常沒有效率。

儘管如此，社會上大多數的領導者都屬於從正面進攻型。高揭「熱情、信念、正確」的旗幟，氣勢十足地從正面攻打。也就是試圖用**「我的意見絕對正確，所以你要聽我的命令」**的態度，逼迫他人採取行動。

從這種意義上來說，我認為賈伯斯也是正面進攻型。加上那是他創立的公司，是能容許某種程度獨裁決策的環境，他的堅持及描繪出的願景，也如實呈現在蘋果公司產品的魅力上。但結果也讓他樹敵眾多，最後被趕出自己的公司。

正面進攻型的領導者，只要碰到無法如意操控的人就會變得情緒化。應該見過突然大哭「你們為什麼都不聽我的話！」的認真班長、或高壓態度說「你們給我乖乖聽話！」的老師吧。

我剛開始當老師那時，面對學生以及不講道理的教師前輩，也曾試圖用正面進攻的方法面對。但大多都失敗，讓我相當不甘心。

而不知從何時開始，我能**將自己的失敗轉為教訓，進而建立自己的戰略**。

我想，現在把我丟進任何組織中，我大概都能巧妙迴避正面衝突，把所有人拖進我的計畫中改變整個組織（當然，也可能碰到得做好覺悟正面迎戰的狀況）。

建立戰略是種「技術」，我接下來會進一步說明方法。這是門技術，剛開始可能做不好，但**失敗正是最寶貴的學習**。

「我最近在學校很受歡迎，當上學生會長後大家絕對願意追隨我」或「我在社團裡深受學弟妹們景仰，所以絕對可以擔負隊長重任」也是試圖想要正面進攻的想法。

應該也有幾個人願意照指示行動吧，但不可能所有人都遵從。無法接受這個事實的領導者，會說出「為什麼你不聽從我的指示！」，把無法全盤控制的狀況怪罪到不願行動的成員身上。

團隊無法發揮功能的真正原因，是領導者無法理所當然認為「人不會輕易聽命行事」，因而**怠慢為了讓人聽命行事所需的努力**。首先，把這件事牢記在心中吧。

## 第一堂課的重點

領導者是有著：

人理所當然不會聽命行事！

無法精準傳達想說的話是天經地義！

這兩種思維的人。

# 第2堂課

# 持續提問「這是真的嗎？」

LEADER

我是這樣的人。

我的事情自己最清楚；

那個人是那樣的人。

我喜歡那個人的那一點，但討厭那一點。

你是否有這類的主觀臆測呢？

那是「真正的自己」，

「真正的那個人」嗎？

在這一堂課中，

讓我們一起練習理解自己，理解他人的

「深度思考」吧。

## 你知道「Critical thinking」嗎？

在上一堂課，我說明了身為領導者最為基本的心態。也就是**以人不會輕易聽命行事為前提**而建立戰略是領導者的起跑線。

關於建立戰略的方法以及讓人聽命行事的技術，我將在下一堂課之後說明。進入實踐篇之前，還有另一個領導者需要具備的重要心態，這堂課請讓我說明這一點。

這是名為**「Critical thinking」**的思考方法，用一句話說就是**「深度思考」**，從各種角度來看一件事，以從中得到的資訊為基礎深度思考、斟酌。接著找出本質的課題，找出根本的解決方法。

日文常被翻譯成「批判性思考」，但這個翻譯容易招致誤解，所以我不太愛用。如果硬要說成日文，應該可以用**「看穿本質的能力」**、**「斟酌思考」**或**「分析思考」**等等的說法。

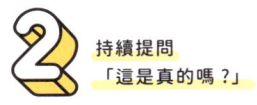

若是直接用「批判性思考」，容易讓人誤會這種思考方法的目的在於對事物從雞蛋裡挑骨頭，但並非如此。Critical thinking的目的，是解決課題與創造價值，是種極為正向且積極的思考方式。

能立刻實踐 Critical thinking 的方法，就是**「別立刻作出結論」**。當你感覺心中作出結論時，要刻意繼續懷疑**「這是真的嗎？」**，如此一來，就能減少不知不覺被當下氣氛影響，被資訊耍弄的狀況，可以作出更適當的判斷。

## 校規真的是非遵守不可的事項嗎？

作為 Critical thinking 的實踐事例，我們針對近在大家身邊的校規來稍微思考一下吧。

「校規是非遵守不可的事項。」

「這是我自己選擇（應試）的學校，所以不能抱怨校規。」

我想以上這些是對校規最普遍的想法，但真的是這樣嗎？

規則是需要遵守的事項，如果違反就需要受罰，這看起來似乎有種無可非議的感覺。如果社會容許違反規則的存在，法律便無法發揮應有的機能。如此一來侵害人權者橫行，我們沒辦法擁有安寧生活。

但話說回來，法律是為了**調整對立**而存在。

大家心中所想的理想社會，大概是大家都能自由行動的社會。如果大家在沒有法律的狀態下主張自由，**肯定會出現對立**。

說起人類在出現對立時會做出怎樣的行為，那就是**倚賴**武力或金錢等**「力量」**，其實這就是存在於世上，以戰爭為首的各種紛爭的源頭，人類想靠蠻力打敗對立的對手而互相傷害。

在出現對立就會有人受傷的社會中，人類只會有源源不絕的憂患。所以在為了**盡可能實現大家的自由的情況下，也創造出大家可以安穩生活的社會**，才會有法律與規則存在。

讓我舉個簡單易懂的例子。

舉例來說，假設有群人會在高速駕車之中感覺到幸福，如果允許他們這樣做因而頻繁發生交通事故，便會造成社會整體的不幸。高速駕車的人，當他自己成為行人時也會暴露在危險之中。

所以法律設置行車限速，是為了保證個人的自由與幸福，而**故意稍微限制了個人的自由與幸福**。

法律不是為了讓大家感到不自由與不幸而存在，是為了讓大家可以擁有自由且幸福的生活而存在。

我剛剛提到的例子應該相對好理解，那把話題拉回來，校規也與其相同嗎？

舉例來說，如果不穿素色的白色運動鞋，會有誰因而變得不幸嗎？

染髮、戴耳環等等，會侵害到哪個人的人權嗎？

踩扁室內鞋的鞋跟走路，會有誰的利益因此受損嗎？

以上問題的答案都是「不會」。

其實幾乎所有的校規都不是「為了保障學生的自由與幸福」而存在，**只是為了讓學校組織擁有「紀律」與「一致性」而存在**。

這樣一說，或許會有人產生「既然是為了紀律那就沒辦法了」的認同想法，但在此，我希望大家可以試著深入思考「這是真的嗎？」，不惜限制個人的自由與幸福也要追求紀律及一致性，這些真的有如此重要嗎？

如果學校是軍隊，那麼所有人遵照紀律行動就有其意義。這是因為軍隊屬於嚴格由上而下的階級組織，也就是下屬需要遵從上層命令的組織，如果其中有人不聽從命令，便會造成指揮系統紊亂，讓組織無法發揮作用。

但是學校並非軍隊。學校的任務，是**培養學生出社會時擁有追求自由與幸福的能力**。

如此一想，會發現有非常多校規明明剝奪大家的自由與幸福，但其實完全沒有將利益回饋到大家身上。

直到最近才終於看見把校規還於學生的活動逐漸在全國遍地開花，這真是令人欣喜，校規是「為了盡可能不侵害各自在學校生活中的自由與幸福而存在的共同規則」，所以不應由學校，而是**該由當事者的學生們來決定才對**。

就像這樣，找出問題的本質就是運用 Critical thinking 的事例之一。

## 讓人停止思考的兩大阻礙是？

深入思考絕不輕鬆，所以人類容易在非得動腦不可的場面中輕率作出結論。但身為領導者，就得在此踩下煞車，再堅持深入思考一番。如果感覺團隊成員停止思考了，那麼自己就該更深入思考才行。

此時希望大家注意**「感情用事」**以及**「二元對立」**這兩大**讓人停止思考的阻礙**。

**「感情用事」**應該容易理解，就是在思考事情時的**基準會以「喜好」優先**。舉例來說，假設有個政黨提案廢止消費稅，「消費稅？超討厭的，我不想付消費稅，所以贊成廢止！」這種反應正是感情用事，「這是我討厭的政治家所屬政黨提出的政策，所以我堅決反對！」這種結論也是感情用事。

「二元對立」指的是像「零消費稅，贊成或是反對」或是「要保護有錢人，還是要保護經濟弱勢者」這類，刻意創造出「A對B」，**將事情單純化成兩個選項的狀況**。

二元對立總而言之簡單易懂也具有震撼力，但只是這樣沒辦法掌握事物的本質，而且話說到底，二元對立的兩個選項也不見得其中就有正確答案。

正義使者為主角的動畫或時代劇中，因為「正義 vs. 邪惡」的主旨明顯，故事內容淺顯易懂，可以輕鬆觀賞。但實際上，世界上的正義與邪惡並沒有辦法黑白分明。

舉例來說，A國總統高喊著「正義」而做出軍事侵略，但對於城市遭到轟炸、家人慘遭殺害的B國人民來說就是「邪惡」；A國譴責B國的某種「邪惡」行為並做出自己認為的「正義」之事，為了將自己的決策正當化，便強調「正義 vs. 邪惡」的二元對立，試圖把國民的焦點從議論本質上轉移開。

這類二元對立的阻礙無所不在，所以要小心不能輕易落入這種陷阱。要詢問自己「是否用二元對立的觀點看事情了呢？」，訓練自己養出發現這種狀況時立刻**試著用不同觀點思考事情的習慣**。

## 首先從「認識自己」開始

Critical thinking可以運用在各種事情上面，我在本節想針對「自己」與「他者」這兩個對象進一步探討。

對領導者來說，Critical thinking「自己」與「他者」相當重要。針對「為什麼他人不願意聽我命令行動」思考時，得進一步探討，**原因出在自己的哪一點上面**，或是**他者在哪方面遇到瓶頸了**。

首先，先從深入思考自己這點開始講起。

客觀掌握自己的思考及行動模式，是能在改革自己派上用場的能力，這有個稍微艱澀的名詞稱作**「後設認知能力（Metacognition）」**，是**「另一個自己從高層次俯視自己的思考及行動模式的能力」**的意思，也有人說「Critical thinking 和後設認知兩者都很重要」。

也可以將後設認知解釋成「對自己運用 Critical thinking 的能力」，所以我接下來不會再使用後設認知這個名詞，但大家可以記得有這樣一個名詞。

那麼，首先從提問開始。

你對自己有討厭的點，或是沒辦法喜歡的點嗎？是什麼原因讓你有這樣的感受呢？

無論多麼有自信的人，至少都會討厭自己的某一點，行動模式、思考模式或是身體的特徵等等，無論哪方面都沒有關係。在思考這件事的同時，也希望你能回想起是什麼原因讓你開始意識起這一點。

這有個專有名詞為「**情節記憶（Episodic memory）**」，要出現「自己是如此這般思考自己」的狀況，肯定有什麼原因。因為被媽媽這樣說、因為遭朋友取笑，因為遭逢重大失敗等等的原因。

在此讓我介紹幾個學生們在講座中實際說出的回答。

【討厭自己的點】優柔寡斷。

【原因】在電車上看見有孕婦站著，但我擔心讓座會被拒絕而猶豫不決，結果對方就走到下一節車廂去了，這件事情讓我很後悔。

【討厭自己的點】三分鐘熱度。

【原因】從以前就常被父母這樣說。

總之先舉出兩個例子，你看到這些有什麼感覺嗎？

或許有人產生「我也有這一面！」的想法，但你可能沒有把這一點當作討厭自己的點寫出來，而這代表的意義，是你對於那一點**還存有懷疑是否真的是自己的缺點的餘地**。

在此，希望大家可以回顧列舉出的討厭自己的點，接著逐一提問「這是真的嗎？」

這真的是討厭自己的點嗎？
這真的是非得改掉的事情嗎？
這真的是感到煩惱的事情嗎？

接著你會發現，你認為討厭自己的點，其實只是因為你對其有所堅持才會特別在意，**同一件事在其他人身上也很常見**。

接下來再問另外一題。

你剛剛列舉出的討厭自己的點，如果用正向的詞彙換句話說，會變成什麼句子呢？

如何啊？如果你懷疑「那是真的嗎？」應該就有辦法換句話說。我們拿剛剛的回答來試試看後就會變成以下的句子。

優柔寡斷↓深思熟慮

三分鐘熱度↓好奇心旺盛

除此之外，還有很多句子也都可以換句話說。

陰沉↓深思熟慮

立刻就想逃避↓懂得珍惜自己

**自己認為是缺點的事情真的是缺點的人，其實幾乎不存在**。藉由Critical thinking之後，就連面對自己應該最了解的「自己」，也能改變對自己的評價。

## 「大腦習慣」和「潛意識」是可以改寫的

將剛剛請大家做的事情用一個關鍵詞來表現，那就是「堅持」，說起堅持到底是什麼，堅持就是一種「大腦習慣」。

在此稍微讓我說一點腦科學的話題。

接下來要談論的話題，是從我擔任千代田區立麴町中學的校長那時起，就跟我相當要好的腦神經科學家青砥瑞人先生身上學到的事情。

聽說人類使用大腦的方法大致可分為三種模式，**中央執行網路（Central executive network）**、**預設模式網路（Default mode network）**以及**警覺網路（Salience network）**等三種。

**「全力使用大腦時」**使用中央執行網路，**「發呆時」**使用預設模式網路，而**「在兩者間切換時」**使用警覺網路。

運用最尖端的腦科學技術，可以即時監測人類大腦的哪個部位正在活躍當中，所以才得以明瞭以上事情。

舉例來說，解數學題時得動腦對吧，邊斟酌詞彙邊說話時也要動腦，聽說人類的大腦在此時會處於中央執行網路的狀態。額頭後方的前額葉皮質這部位擔負起指揮官的角色，毫不留情地使用大腦。

人類的大腦用重量來說僅占體重的百分之二左右，卻會消耗全身約百分之二十的能量。而大腦處於中央執行網路的狀態時最為耗能。

智慧型手機執行大容量程式時，轉眼間就會耗光電力。人類也相同，就算不活動身體，一直坐著念好幾個小時的書，會肚子餓，專注力也會下降，這是因為能量不夠了。

也就是說，人類無法二十四小時奴役大腦，在此出場的就是預設模式網路，我剛剛寫到「發呆時」，但大腦並非處於停止狀態，大腦仍舊在活動。

只不過，和中央執行網路最大的不同點在於大腦為「自動駕駛」，即使是本人沒特別注意的無意識狀態中，大腦也會自行活動。而大腦「自動駕駛」時的耗能量較少。

有人說，**人類日常生活的行動有九成是在無意識狀態中進行**，不是百分之九，而是百分之九十，這數字相當震撼，但稍微思考之後應該能立刻理解。

舉例來說，大家現在正在看這本書。你在看書的過程中應該會翹腳、會搔搔頭之類的吧。但你的意識幾乎全專注在這篇文章上，應該沒有特別意識「來翹腳吧」、「沒事做的手搔搔頭吧」這類事情。這些都是大腦擅自做出的舉動。

說起為什麼大腦會擅自做這些事，並非腦袋中有其他人格，只是因為過去曾經做過許多次，也就是**養成「壞毛病」或「習慣」**了。

例如騎自行車，一開始得相當注意踩踏板的方法以及取得平衡的方法才有辦法騎，但只要習慣之後，就算不特別注意也有辦法騎車。

簡單說明大腦的機制，大腦是由大量的神經細胞組成。細胞之間用類似電線的神經迴路串聯，互相發送訊號。

神經迴路有個特徵是會越用越粗，運用能量的效率也越好。在使用預設模式網路時採取節能駕駛，就會用到這條常用且粗壯的路線。

順帶一提，預設模式網路中的「預設模式」，對電腦稍有了解的人或許知道這是「初始設定」的意思，對「初始設定」或許會有「無法改變」的印象，但人類的預設模式網路是可以改變的。

人在無意識中採取的行動模式與思考模式，取決於「平常最常用哪一條迴路」，反過來思考，只要半強制且重複持續使用其他迴路，**就能改變大腦自動選擇的迴路**了。

舉例來說，當大家走到路口時，幾乎都會無意識地確認左右來車。這是因為大腦接收到「路口」這個資訊時，在大腦中會把「路口」與「交通事故」、「避開危險」、「確認左右」等資訊相連結。

小孩子的大腦中沒有這樣的迴路，牽著爸爸或媽媽的手，玩著只踏在白線上走路的遊戲時，這個記憶會被喚醒，很可能看也不看地突然衝出路口。但小孩子向大人學習交通規則，或反覆經歷捏一把冷汗的經驗之後，就會產生新的迴路，養出「確認左右來車」的習慣。

## 脫離負面思考吧

在此拉回自我評價的話題上吧，我剛剛請大家舉出討厭自己的點，或許有人列舉了非常多項。

有負面想法的人很多。如果放在建立計畫時，可以預先設想最糟狀況的這層意義上來看，負面想法絕非壞事。

但並非如此，也有許多人對自己有著負面想法，可直說成是**「看低自己」**、**「自我肯定感低落」**。

從大腦的機制上來思考，負面思考的人在中央執行網路運行時也會想著負面的事情。平常總反覆做出這種行為，所以在無意識的預設模式網路時，也容易陷入負面的行動模式與思考模式。

負面思考的人，無論何時都徹底處於負面思考中，這是因為他們**陷入惡性循環中且無法脫離**。

而且大腦還有一個棘手的特徵，那就是**「越負面的記憶越容易留下來」**。舉例來說，假設你在電車上讓座了五次，其中四次順利讓座，只有一次被拒絕了。當你下次想要讓座時，大腦最容易想起僅此一次被拒絕的負面記憶。

所以「被父母責罵某件事情」或「朋友對我這樣說」的記憶亦同，即使只是碰巧發生的事情，卻容易讓人宛如常常發生般地無比在意。應該常遇到這種狀況吧，自從被朋友批評了外貌之後，就變成了自己感到自卑的點。

但那或許只是大腦創造出來的「虛假的自己」，一輩子被這個「虛假的自己」所影響也太可惜了。

但是想改寫「虛假的自己」該怎麼做呢？這邊就要拉回 Critical thinking，使用提問「這是真的嗎？」有意識地、反覆在大腦**描繪出另一個自己**。

回顧自己的行為稱為**「自省」**（絕非「反省」），大多數的人幾乎不會自省，因為這很耗能。

但如果不自省，大腦中關於自己的資訊，就會全是他人對你說過的話，也就是父母、老師及朋友給你的評價。這些評價有正中紅心的東西，也有點出自己沒有發現的一面。但是，既然這些來自他人口中，那你便不必過分隨之起舞。

雖說如此，正如我剛曾說明過的，想要全新創造出一個原本不相連的迴路，**需要相當強烈的意識才能辦到**，也需要耗費能量。有句話說「三分鐘熱度」，但話說回來，人開始嘗試新事物時陷入三分鐘熱度的狀況本就理所當然。

這是因為**大腦基本上很討厭變化**。想要培養新習慣，也就表示要在大腦想

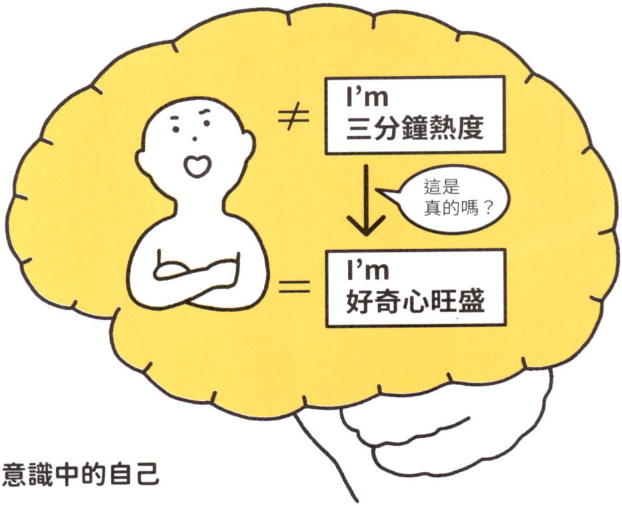


## 改寫無意識中的自己

要用平常用慣的粗壯迴路時，強硬地將其連接到另外一條迴路上，這是相當困難的。

要將新的迴路持續使用到變成粗壯迴路，要靠自己一人成功做到，老實說並不簡單。一開始可以尋求第三者的協助，其實剛剛要大家嘗試把對自己討厭的點換句話說成正面句子的學習單就屬於這類。在我提問之下，讓大家使用平常不太用的其他迴路。

多次經驗這類事情之後，**就能憑一己之力改寫無意識中的自己**。能夠自然而然想到剛剛學習單上的提問，在那之後的人生中，無論幾次你都能憑自己的力量辦到。

負面看待事物傾向強烈的人，首先從轉為正面看待事物開始做起吧。如果無法正面思索發生的事情，就容易耿耿於懷想不開，會被領導者需要面對的課題與重大壓力擊垮。

具體且最有效果的方法，就是**積極開口說出正向詞彙**。從口而出的話語，會經由耳朵再次回到大腦，所以遣辭用句相當重要。

還有另一點相當重要，無關乎負面、正面，**別過度執著於自己的堅持**。我很清楚想要珍惜堅持的心情，但堅持終究只是「大腦的習慣」，僅僅如此。既沒人能百分之百保證這是正確的，也沒太大的價值值得你「持續堅持下去」。

端看你要或不要嘗試改寫自己。並非「做不做得到」，而是「要不要做」，想要成為領導者的人，我希望你務必持續訓練此事。

## 豁然開朗的瞬間

在此，請讓我提一個繪本的故事。這是四十幾年前出版，現在已經絕版的書，我大二時偶然在圖書館裡拿起這本書。書名是《狐狸的懺悔》（暫譯），作者是畫家安野光雅先生。

這本繪本很明顯不是畫給幼兒看的，整體的畫風和故事充滿哀愁，主角的小狐狸以成為森林第一的偽善者為目標，是風格迥異的故事。

讀「後記」時讓我感覺全身彷彿竄過電流，上面寫著我在那之前不知道，甚至從沒思考過的一個詞，**「偽惡」**。

如果提到「偽善」，大家應該都聽過，或許也曾經用過，簡單來說就是「裝作好人」。國、高中生左右的年紀，會很想說出「你這傢伙，裝什麼偽善者啦」這類的話。可以將「偽惡」思考成與偽善相反，「裝作壞人」的意思。

當時我大概二十歲左右，邊看這個「後記」邊回想自己的國、高中時代。當時的我，大概就是這樣「偽惡」類型的人，因為不想讓人覺得我很認真，便擺出壞小孩的態度做調整，就是這種學生。

我讀著讀著發現一件事，**「裝作壞人和裝作好人，結果其實是殊途同歸」**，

「是啊，就是如此！為什麼我到目前為止都沒發現這件事呢！」那是我豁然開朗的瞬間。

偽善，是因為不想讓人覺得自己是壞人而裝作好人，也就表示其根本有**「希望特定的人認同自己」**的心情。

另一方面，偽惡則是不想讓人覺得自己在裝好人而裝作壞人，至於說起為什麼不想讓人覺得自己是「好人」，其實這也是「希望特定的人認同自己」。

我國中時很害怕同學們對我說「工藤，你最近會不會對老師太唯命是從了啊？」或「你別這麼像書呆子啦」，所以我想要當個在要好的同學標準中的「好傢伙」，我想這種事情在大家的年齡層中隨處可見。

即使外表呈現的行動完全相反，但其根源完全相同，我在發現這一點之後開始有了以下的想法：

「如果裝作好人和裝作壞人的動機同樣都是希望別人認同自己，那裝作好人絕對更有價值。」

如果只是獨自一人擺出裝壞的態度，對社會不至於產生不好的影響。但如果進一步升級成真的做出壞事，那就會傷人、造成他人困擾。所以我發現偽惡相當空虛。

說起我為什麼突然提起這件事，因為開始 Critical thinking 之後，我得到了非常多這類發現。

幾乎所有人都認為**「我最清楚我自己」**，但大多數的狀況，**這是個謊言**。在現在此一瞬間堅持的事情，或許五年後會變得毫不堅持。不需要對改變堅持感到羞愧，這反而是**成長的證據**。

我的桌上擺著兩本用了二十年左右，已經變得相當老舊的手冊。寫在裡面的內容幾乎全記在我腦中，我現在已經很少翻開了，這兩本手冊是我的作戰筆記本。

我在三十五歲之後，雖然些許誇張，但我立誓「要成為能帶給全國影響的校長！」接著在我過四十歲之後，「只要這樣做，就能改變全國的學校！」我開始看見我獨有的道路了。

這兩本手冊中就寫著具體的點子。當我發現新的課題，或想到更好的新點子時會立刻寫筆記，接著定期整理這些筆記寫進手冊中，這也在不知不覺中成為我的例行公事。

「啊啊，我當時堅持這種事情啊，哎呀，經驗還不夠嘛。」像這樣，當我偶爾翻閱手冊時，會清楚看見自己的想法逐年變化。相對的，也能看見自己從一而終沒有改變的，自己最擅長的思考模式及行動模式。這對我來說也是很重要的發現。

## 「理解他者」其實就是「理解自己」

說完理解自己的話題後，接下來思考他者吧。

好的，在此寫個學習單。

請你想出一個在你身邊，讓你感覺「我討厭這個人」的人。

接著試著思考「為什麼我會這麼想？」

我在實際的講座上要大家寫下來之後小組分享，除此之外還制定「說明時不能讓聽說明的人感到不舒服」的規則，要大家注意遣辭用句。因為如果不這樣做，聽到說明的人很可能會感覺「我好像也被說中了」、「我被批評了」。

想**「在不造成情感對立的情況下表達自己的意見」**需要練習，關於這點我將在第八堂課〈該如何選擇感動人心的話語〉中說明。

寫完腦海中浮現的事情後，接下來要做的和先前相同，請針對自己寫下的事情，Critical thinking「這是真的嗎？」

在此希望大家可以發現，討厭一個人的「基準」，極可能是**現在的自己所堅持的事情**。

舉例來說，討厭「沒時間觀念的人」，大多平常就比一般人更「堅持嚴守時間」。日常生活中對哪些價值觀排定優先順序因人而異，而從以遵守時間為最優先的人來看，「沒時間觀念的人」是「不可原諒的存在」。

但正如我剛才所說，你現在有所堅持的事情，不見得是你真正想要重視的事情。即使稍微有點不守時，但從其他地方看起來，這個人或許一點也不需要討厭。

些微感覺**「我也有這種傾向」**，可能也是你討厭一個人的原因，這就屬於同性相斥。

當你在意自己的缺點，接著看見對方有相同缺點時，常會發現自己感到超乎必要的不耐煩，這是因為你在對方身上看見自己了。

這狀況常發生在親子關係中，長年在意自己懦弱一面的母親，只要看見自己的孩子畏畏縮縮的，就會當作沒看見自己的懦弱而去責罵孩子。

順帶一提，這個心理機制與喜歡上一個人時相同。擁有自己所堅持事物的人看在他者眼中會充滿魅力，這或許只是大腦擅自創造出來的現象呢。

如此思考之後，我們得知**理解自己與理解他者其實是一體兩面**。判斷喜歡、討厭他者的基準，就是你所堅持的事情。他者**等同於你的鏡子**。

反覆訓練深度理解自己，可以客觀看待自己的堅持之後，就能大幅改變你對他者的看法。可以更容易接納真實無偽的對方，也能減少單方面斷定「你就是這樣的人！」的狀況。連真正的自己都不太清楚了，當然不可能知道真正的他者。

大家在今後也會遇見各種不同個性的人，到時請務必稍微想起這堂課提到的事情，請注意**千萬別隨便斷定**。

我認為擁有「不可能了解他人，所以既不能輕易斷定，也不能強迫對方接受自己的堅持」的想法，也是「尊重他者」。

## 第二堂課的重點

利用「這是真的嗎？」
的 Critical thinking，

察覺自己的行動
以及思考時的「習慣」，
就會發現「負面的自己」
以及「虛假的自己」。

接著培養出新的習慣，
就可以改寫自己。

第3堂課

# 失敗的原因在於「建立目標的方法」

LEADER

進行議論時，
大家的意見分歧無法有共識，
甚至中途還吵起來了！
你是否曾經遇到這種狀況呢？

這是因為沒事先決定好，
在團隊共同從事一件事時，
最重要的「某件事」。

## 身為領導者所需最重要的技能

在這一堂課，我將要講述身為領導者所需的技能之中**最為重要的**，那就是**「建立目標的方法」**。

在此提到的「目標」，當然不是「我要考取英檢二級」這種個人等級的目標，而是要講述該怎樣建立「團隊目標」。

只要成為領導者，應該就要面對團隊非完成不可的事項。此時如果沒有團隊的目標，大家就只會是各做各的，團隊無法團結一致。

雖說如此，也並非只要建立目標就能讓團隊團結起來。

大家成為運動社團的社長之後，就算說出「我們要以縣大賽冠軍為目標團結起來！」，肯定會出現不願意聽從的人。班級導師把班級目標訂為「有活力、相親相愛、充滿歡笑的班級」，乖巧的學生還是很乖巧，但不管怎樣總會有合不來的人，所以也會有爭執。

建立目標這個行為是種技能，有能力高低之分，**勤加練習就能越做越好**。能好好建立目標的領導者，與無法建立目標的領導者，兩者在團隊成果上會**出現天壤之別的差距**。而且話說到底，要是用錯誤的方法建立目標，甚至可能無法成功。

這一堂課中，希望大家學習建立目標的正確方法。

## 當你被選為幹部後首先要討論些什麼？

事不宜遲，立刻在腦海中模擬「建立目標」具體來說是怎麼一回事吧。

背景設定為要舉辦運動會，你被選為學生會的會長，老師對你說「由學生會討論決定想要舉辦怎麼樣的運動會」，而今天是學生會的第一次會議。

在此提問。

如果是你，你會討論怎樣的事情呢？

大家自己想要舉辦怎樣的運動會呢？

如果過去曾經擔任過學校活動的幹部，請試著回想當時你們是怎樣主導活動舉辦的。

在實際的講座中，我讓大家分組模擬學生會的會議。當時大家發表了怎樣的內容不是本次的重點，所以就不提了，我最先想提的是**「會議進行的方法」**。

不只分組討論，在學生會實際的會議當中，大家百分之百都會做出「不可以做的事情」。

那就是針對「要舉辦怎樣的運動會」這個議題，**劈頭就開始討論「具體來說要做些什麼呢？」**

舉例來說，在會議一開始，會長極可能說出以下的話：

「去年的運動會做了這些事情，請問大家今年有想要更動的地方嗎？」

「總之我想要先募集大家的點子，請大家說出想做些什麼事情，然後我們再進一步縮小範圍吧？」

兩者都是關於具體的節目內容。絕對需要在哪個環節討論「要不要舉辦騎馬打仗？」或「如果在接力賽時做這件事可以炒熱氣氛嗎？」等細節。

但如果一開始劈頭就從這類具體事項討論起，肯定會在哪裡出現意見對立，讓會議無法進展。

那麼，正確的議論方法該怎樣進行呢？

那就是，**徹底討論「舉辦運動會的目的」**。

運動會是為了什麼舉辦？

這次的運動會該以什麼為目標？

運動會是為了誰而舉辦的活動？

事物的根基部分稱為**「本質」**，這三個問題都是關於本質的問題。

最重要的是要先確實討論，決定出運動會這一大活動的根基，讓所有成員處於共享這個目的的狀態當中。其實這才是**領導者領導團隊時最該優先去做的事情**。

在尚未確認目的的狀態中就開始討論細節，這一點意義也沒有，因為只要根基（目的）改變，枝葉（手段）也會跟著改變。

舉例來說，當你想開一家餐廳時，你應該不會還沒訂出餐廳的主題概念，就急著想菜單吧。

但是，針對「運動會是為了什麼舉辦？」這個最重要的問題，如果沒辦法運用上一堂課提到的 Critical thinking，就很難討論出結果。

特別是接受日本學校教育的人大多不擅長此事，幾乎所有人都認為「舉辦運動會是理所當然的事情」，**根本不會出現思考運動會的目的這種想法**。

去年也辦了，再前一年也辦了，而且每年的內容幾乎都沒有變化——如此一來，今年被選為幹部的人，基本上也只打算承襲過去運動會舉辦的模式，能想出來的新點子，頂多只有稍微改善先前的做法而已。

這類事情無論在教職員辦公室、社會上、行政與政治的世界中都常發生。

## 理解「目的與手段的階層結構」

不思考原本的目的，把為了實現目的而採取的手段誤會成目的，只是無條

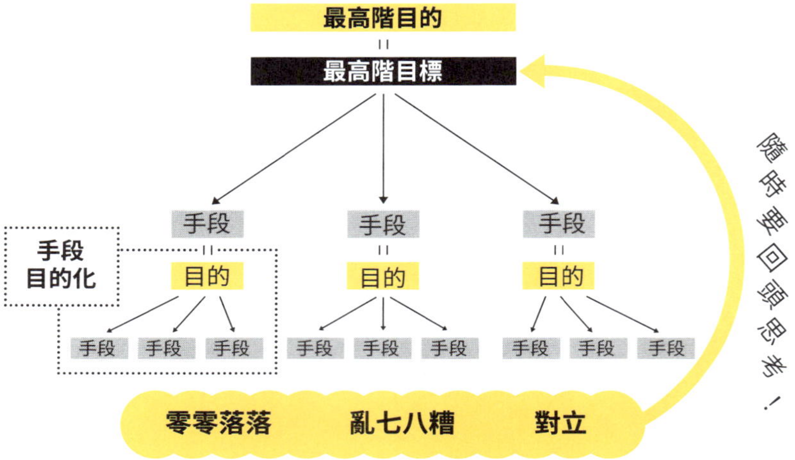


**目的與手段的階層結構**

件遵從習慣與當下的氣氛，這種現象一般稱為**「手段目的化」**。

要成為領導者的人，為了避免團隊內發生手段目的化的現象，隨時都要利用Critical thinking確認才行。

因為「目的」與「手段」的關係稍微難懂，所以讓我用圖示來說明。

「目的」是最後終點，「目標」則是為了實現目的，階級低一層的步驟（手段）（目標＝手段）。

所以說，在**「目的與手段的階層結構」**圖中的「目的」，正確來說要寫成「目標」比較好，但我在此刻意統一成「目的」。

大家在做任何事情時，肯定都有目的。

舉例來說，閱讀本書的各位讀者，應該有「要成為領導者」這個目的。

如此一來，大家現在所進行的「閱讀」，便是達成「要成為領導者」這個目的的手段。

手段不只有一個，「去聽優秀的領導者分享經驗」或「嘗試在小團體裡當領導者」等也屬於達成目的的手段。

同時，「閱讀」這個手段只要換個角度看也會變成目的。

要看完一本書，對沒有閱讀習慣的人來說相當辛苦。在此，這些人會為了讀完一本書而對自己訂定「決定好閱讀時間」或「搭電車移動的時候看書」等規則，以期實現目的。

此時如果把「閱讀」當作目的思考，「決定好閱讀時間」就會成為手段。

就像這樣，目的背後絕對存在著為了達成目的的手段，為了實現手段也還需要手段，如此這般，**目的與手段會不停連鎖下去**。

更進一步說，「要成為領導者」這目的也是為了達成某個目的的手段。

在各位之中，應該沒有人把「成為領導者」當作高中生活的最終終點吧？我開始認真想要成為領導者，是因為想要改變日本的學校教育。說起為什麼我想要改變學校教育，是因為**我想要將民主主義在日本扎根**。

我到全國各地演講，像這樣寫書，最終的目的，就是希望我們生活的社會可以成長為更加民主的社會。

作為實現目的的手段，我對自己賦予「改變學校教育」這個使命（目的），成為領導者便是其手段之一。

可以將目的及手段整理成好幾層的階層結構，越往下走，手段也會越來越多，整體看起來會像個金字塔。

先不管意識到哪個程度，大家有「想成為領導者」的想法，也是因為作為一個能夠讓自己擁有幸福人生的手段，而懷抱著這樣的願望。

位於金字塔頂端的目的稱為「最高階目的」，我將把**「最高階目的」**落實成更加具體的行動目標稱為**「最高階目標」**。

「手段目的化」指的是把包含最高階目標在內的高位階層遺忘，變成所謂迷你金字塔的狀態。誤將原本僅是手段之一的事情，當作最高階目標了。

如果這個手段與最高階目的不衝突，不會特別出現問題。但實際上常常發生，**明明違背了最高階目的卻誤以為這才是正確的狀況**。

社會上隨處可見「手段目的化」，舉例來說，我上一堂課曾提到校規，只是當傳統繼承下來的校規，就連校長也沒理解校規本來的目的，而把守護校規這件事本身當作目的看待，這類事例數也數不清，這正是手段目的化。

預防「手段目的化」最簡單的方法，就是領導者要率先使用 Critical thinking 不停提問**「為什麼要做這件事？」「目的是什麼？」「話說到底……」**等問題，這樣才能脫離迷你金字塔。

最高階目標也會在你想出另一個更高階層的事情時，變成一個手段。但隨著階層越走越高，就會逐漸變成「何謂人生？」或「何謂幸福？」這類哲學問題。

所以說秘訣在於，推動專案計畫時，針對「這個專案最終以什麼為目標？」這問題，得在有某種程度的具體性下作決定。具體事例容我後續說明。

## 設定所有人都贊同的「最高階目標」

那麼，讓我們重新拉回來思考運動會的最高階目標吧。針對「要舉辦怎樣的運動會？」這個議題，領導者該帶領所有成員一起做的事情，就是確認運動會的最高階目標。

真的開始思考後，會發現是個大難題。

為了加深班上同學的感情嗎？

為了在紅白戰（日本學校運動會時的經典分組賽事）中獲勝嗎？

為了體驗感動嗎？

為了在老師與家長面前展現練習成果嗎？

那麼，稍微換個問題，先來思考「為什麼要從事體育運動？」其實每個人都有不同的答案。

我在講座上詢問學生後，聽到「為了學習團隊合作」、「為了健康」、「為了鍛鍊精神力」、「為了獲勝」、「為了樂趣」、「為了學習努力的重要性」、「為了友情」、「為了將自己逼迫到極限後得以成長」等各式各樣的回答。

我在此想要強調，正如我在第一堂課〈人沒那麼輕易聽命行事〉中曾說明過的，每個人的價值觀各有不同，這很正常。

每個人的價值觀沒有好壞，領導者需要超越這種想法的歧異，推進計畫。

那麼，該怎麼做呢？

領導者一開始該做的是**「找出所有人皆贊同的最高階目標」**，這才是建立目標的正確方法。

為什麼該尋找所有人皆贊同的最高階目標呢？

如果訂定非所有人皆贊同的事情為目標，代表**反對的人得要忍耐才行**。

其實不想做，但因為領導者如此命令，或者多數決決定好了，所以不得不忍耐。如此一來，這個人就會變得非常痛苦。

此時，一般的領導者會這樣想。

「為了團隊整體的利益，部分的人得忍耐也是無可奈何。」

這種思想，在大人的世界中被稱為**「數量的理論」**。

其實這是相當暴力的想法，我沒說錯吧？明明都表明「我不願意」了，卻利用數量的力量逼迫對方服從啊。

但在日本，大概因為幾乎所有小孩從小到大，都被老師及父母說「忍耐一下」、「配合大家」、「乖乖聽話」，我覺得許多人會選擇忍耐到最後。

內心明明想著「那個領導者別開玩笑了！」還是選擇忍耐，如此一來，因為表面上沒有出現大問題，在專案計畫結束時，領導者便會得到大家的誇獎。有過這種經驗的領導者，就會將其視為成功經驗，不停重複相同做法。

但將專案計畫的成功建立在部分人的犧牲之上，從ＳＤＧｓ（聯合國宣布的「永續發展目標」的簡寫，內容涵蓋各項能引領全球共同邁向永續發展的指標）的世界觀來看，這絕對稱不上優秀的領導者。

**不會捨棄任何人的領導者**，才是**新時代理想的領導者形象**。

團隊成員想法各有不同，但不會捨棄任何人。總覺得這句話看起來自相矛盾，但要實現此事的唯一方法，就是設定所有人都能接受的最高階目標。

## 話說回來，體育運動到底是為了什麼而存在？

我剛剛列舉了幾個體育運動的目的，大家有發現，其中有一個「所有人皆贊同」的可能性極高的項目嗎？

沒錯，就是「樂趣」。

在歐洲等地區，有體育運動是「終生享受樂趣之事」、「讓人生變得更加豐饒的事情」等根深蒂固的想法。所以像西洋棋、電腦遊戲等電競運動也被分類在體育運動項目中。

但在日本，「為了折磨自己而做」的想法更加強烈，「鍛鍊」、「熱血」、「〇〇魂」、「情誼」等等，這些宛如軍隊中使用的詞彙也稀鬆平常地出現在教育現場。

即使在這種氛圍的日本社會中，當有人問「體育運動就該樂在其中才對吧？」**肯定也不會有人說「不」**。因為連每天辛苦練習的運動健將們，在實際感受到自己的成長，在比賽中獲勝時，也會從中找到「樂趣」。

如此一來，或許也能用同一句話來說明運動會的目的了。大家在運動會中追求的價值各有不同沒有關係，但在這之中尋找**所有人皆認同的目的**時，大概只能找到這個答案。

「所有人都能樂在其中的運動會」。

假設現在把運動會中常見的「團結一致」擺在最高階目標的位置上，在Google中打上「運動會　標語」搜尋之後，就能找到「用班級力量獲得冠軍」、「情誼最強，大家一起閃耀光芒」等等的標語。如實呈現出「最愛同質性」的日本社會呢。

但並非所有學生都能認同「團結一致」這個最高階目標，或許有六到七成的學生同意，但不可能所有人同意。

當然會有想著「只不過剛好分在同一班而已，為什麼我非得和這些人團結才行啊？」的人，也會有「運動會根本沒有意義，讓我念書吧！」的人。即使用盡全力說服這些人「這次運動會的主題是團結一致！為什麼只有你這麼冷淡啊！再更熱情一點啊！」我也不認為能夠改變他們的想法。

讓我們用其他事例來思考看看，這也在小組討論中出現過，是把最高階目標訂定為「成功舉辦運動會」的事例。

乍看之下「很像最高階目標」，但每個人對「成功」的定義也各有不同。組織加油團，連日團體練習，當天學生們因為太感動而哭泣，有人看見這一幕之後認為這是「成功」，也有人認為所有人都度過了很快樂的時光就是「成功」。

就像這樣，**隨著每個人的解釋不同而讓意義完全改變的含糊目標**，不適合當作團隊的最高階目標。

## 「因為每年都舉辦」、「因為這是傳統活動」是不行的

我們也拿運動會以外的例子來思考吧。

校慶是另一個學校的大型活動，而就學生會長的工作辛苦程度來說，運動會完全無法與校慶相提並論。這是因為，校慶並不是只為了學生舉辦的活動。運動會只要能讓所有學生樂在其中就好，但校慶不能僅止於此。因為家長、兄弟姊妹、地區的長者、其他學校的學生、想進入這間學校就讀的孩子等等，會有非常多人到訪。

當然也該要讓學生們樂在其中，但在有外賓的前提之下，就得讓所有來訪的人度過一段快樂的時光才行。

讓我來說，如果認為校慶只要讓學生們玩得開心，來訪的外賓怎麼感覺都無所謂，那打從一開始就沒有舉辦的必要。

如果校慶的執行委員們說出「以學生為主角的校慶」之類的意見，學生會長就需要拋出「校慶是為了誰而舉辦？」「舉辦校慶的目的是什麼？」等本質

問題，修正方向。

我以前擔任麴町中學的校長時，在我的提議下睽違四十年再度舉辦校慶。當時我設定的最高階目標為「讓所有學生與所有來賓都能樂在其中」。

這說起來簡單，實際做起來相當困難。因為要透過表演、展覽及各式各樣的小機關讓所有來賓都能樂在其中，那是感性與藝能的領域。這等同要你創造出一個宛如迪士尼樂園那樣，能讓男女老少皆樂在其中的世界。

甚至要動員想像力思考「怎樣的事物能讓長者們玩得開心？」「什麼能讓小小孩不容易玩膩呢？」等事情，整體得取得巧妙的平衡才行。

第一年的校慶，學生會幹部們非常努力，但仍留下許多課題。雖然反應超乎預期，成果相當精采出色，但最終沒有實現「讓所有人樂在其中」的大目標。

但接下來的第二年、第三年，學弟妹們從前一年的失敗中吸取教訓，讓校慶活動一年比一年更加精采。

我想這也是明確訂出最高階目標，並且全體成員都共享這個目標帶來的好處。因為只要大家朝同一個方向努力，就能集結眾人的智慧。

再讓我舉出另一個例子。

大家的學校裡，有學生會主辦的合唱比賽嗎？合唱比賽的最高階目標是什麼呢？

為了提升所有學生的歌唱能力？

為了讓班級產生團結向心力？

為了讓父母看見孩子成長的一面？

為了讓音樂老師開心？

不管哪一個都沒有最高階目標的感覺耶。幾乎所有學校，只是因為「合唱比賽是我們學校的傳統活動」這個理由舉辦比賽而已。

我國中時非常討厭合唱比賽，因為我是個大音癡。我們的導師剛好是音樂老師，他甚至對我說：「你的發聲很奇怪，去醫院檢查看看。」

直至今日，我仍然不清楚老師這句話的本意是什麼，但已經足以讓我自覺自己有多音癡了。

對這樣的我來說，我完全無法理解強制學生開口的合唱比賽有何意義。

沒有明確的目的，且可以預測其中也有學生不想參與，卻還是舉辦強制「全體參與」的合唱比賽，站在音樂的本質上回頭來思考，或許根本不該發生這樣的事情才對。

如果無論如何都想要舉辦，只要不是「自由參加」，就絕對無法得到所有人的贊同。麴町中學在重新舉辦校慶的同時，也在學生的提案下，花了三年時間取消合唱比賽。

可以聽見高水準歌聲的合唱比賽幾乎算是傳統活動，所以畢業生與家長之中當然也有人感到遺憾。

但是，我不斷重複強調我經營學校的最高階目標是「不捨棄任何一個人」，所以幾乎所有人都反而對自己做出決定的學生們感到驕傲。

我認為之所以可以作出這樣的變革，是因為執行**「明確訂出最高階目標」**，**「最高階目標得要得到所有人贊同」**的關係。

在此請讓我補充重要事項。

當大家想要以領導者身分作出各種改革時，肯定會出現以「這是傳統」來反對的人。

但傳統只有在傳承好事物時才有價值，**「維護傳統」這件事本身毫無價值**。我反而希望接下來要成為社會棟樑的各位，如果發現有遺忘目的，已然淪為空殼的傳統，請創造出「全新的傳統」加以取代。

希望大家學到**「傳統並非需要持續守護之事，而是要持續創新之事」**。

## 公司的成長也取決於最高階目標的決定方法

最高階目標這個想法，在出社會之後也能持續運用。在此，我想要向大家介紹**巧妙運用最高階目標的公司**。

說起日本在全世界值得驕傲的企業，有豐田汽車或索尼等許多公司，而我這次要介紹的是ＩＨＩ這家公司。

這家公司以前名為石川島播磨重工業，但在二〇〇七年為了提升世界知名度而變更名稱。是一家員工人數約三萬人，年獲益超過一兆日圓的大企業。或許大家也曾聽過名字。

這家公司最先以造船公司「石川島造船所」起家，石川島位於東京隅田川河口，現在的中央區佃町。

公司創業於江戶時代末期的嘉永六年（西元一八五三年），也就是黑船來航那年。美國海軍准將馬修・培里（Matthew Perry）率領黑船突然來到採取鎖國政策的日本，這是艘運用蒸氣動力的船隻，幕府為了提升海防能力而緊急創立了石川島造船所（也就是往後的石川島重工業）。

一九六〇年與播磨造船所合併之後變成石川島播磨重工業，但起源仍舊是造船。

ＩＨＩ不僅引領日本的造船業，也成長為世界首屈一指的造船公司。很遺憾的是，日本過去在太平洋戰爭中犯下錯誤，這家公司也是建造與世界海軍不分軒輊的日本戰艦的主要公司。

現在，ＩＨＩ的事業觸角多方發展。

先前公司名字中的「重工業」意思為主要經手使用鋼鐵材料，如字面所示的「重」商品的製造業，造橋或是製造天然瓦斯儲藏槽等等。在這之中，他們最近特別傾力於航太產業，製造ＪＡＸＡ（宇宙航空研究開發機構）的火箭以及民航機引擎中使用的重要零件。

那麼，他們的造船業現狀如何呢？已經沒有過去的榮耀了。造船部門的規模在這幾年不斷縮小，轉向擴大對航空引擎領域的投資。

其實我和前ＩＨＩ會長齋藤保先生對談過，對談的主題為「價值工程」（Value Engineering），關於這點容我稍後詳細說明，在這個對談當中，齋藤先生針對最高階目標也講了一個有趣的事情。

他表示：「如果我們只想著靠自己的祖業，也就是造船業生存下來，那我們公司或許早就已經倒閉了。**我們公司能生存下來的理由就在於公司的企業理念。**」

企業理念即為公司的最高階目標。而ＩＨＩ的其中一個企業理念是「以己身技術促進社會發展」。

「以己身技術促進社會發展」。

這是約三萬名員工共享，這家公司的最終目標。無論技術開發人員、工廠工作人員還是業務員，大家都贊同這個最高階目標。聽說當公司內部想做些什麼事情時，都會斟酌著「這能對社會發展做出貢獻嗎？」來進行。

接著進一步發展成「只要能用技術對社會發展作出貢獻，那不管哪個領域都沒有關係！儘管放手去做吧！」

同時著手各事業，最終營收有獲利就好的經營模式稱為「多角化經營」。

現在是充滿不確定性的時代，因為ＡＩ與機器人的技術革新，讓原有的市場一夕之間消失無蹤。但只要執行多角化經營，就能分散風險，即使其中一項事業面臨危機，也不至於動搖根本。

ＩＨＩ從一開始就設定了容許多角化經營的最高階目標，所以才有辦法長久生存下來。

不僅如此，他們明明是一家民間企業，**企業理念中卻沒有「利益」與「賺大錢」等詞**。公司追求的終究是社會貢獻，作為代價，公司只要多少有營利就好了。我認為這也是相當出色的最高階目標。

這是因為，如果企業理念為「賺大錢」，利用減少雇用應屆畢業生以節省人事成本，減少研究開發經費，或是停止投資新事業等方法來降低成本，也是符合達成最高階目標的手段。

獲益等於營收減掉成本，如果營收固定，那只要減少成本就能增加獲益。

但做這種事情，即使可以短暫提高獲益，一旦放棄了對未來的投資，就等於**扼殺中長期成長的種苗**。若沒有新技術誕生，結果只會讓公司失去競爭力，逐漸走向衰退一途。

要將哪件事設定為最高階目標對組織來說是相當重大的問題，我想從這個例子也能清楚明瞭這件事。

## 將團隊全體成員變成「當事者」

只要訂出得到所有人贊同的最高階目標，就能一口氣推進事情。雖然不見得能夠一帆風順，但與沒有最高階目標時相比，肯定順利得無法相提並論。

這是因為團隊的所有人**只要隨時重新回到同一件事情上思考即可**。如果以運動會來當例子，就是隨時思考「所有人都能樂在其中的運動會，到底該怎麼做才好呢？」

請回想起目的與手段的金字塔，只要金字塔頂點決定好，接下來只需要把金字塔下方的階層填滿就好。

舉例來說，團隊裡的所有人也會自然而然開始思考，該怎麼做才能讓滿心想要翹掉運動會的學生也會產生「咦？我好像有點想要參加耶。」的想法呢？如果沒有決定好「讓所有人樂在其中的運動會」這個最終目標，應該很難想出這類點子吧。

反過來說，當有人提出「舉辦全體參加的接力賽吧」的意見時，將其與最高階目標相對照，既能提出「這樣一來，不想參加接力賽的人會很傷腦筋吧」的反駁，而且還不會產生情感對立。

話說到底，學生會的成員中，也有只是剛好被選上才擔任幹部的人。對這些人來說，如果是自己想做的事情或許還願意積極行動，但如果事情朝自己反對的方向進行，他可能會完全失去幹勁。

「是大家一起決定好的，你要堅持到最後啊！」這種說法相當暴力，因為自己的意見遭到否決而失去幹勁，這是人類很自然會出現的反應。

但如果是以自己也同意的最高階目標為基礎推動計畫，參與計畫的態度也會截然不同。

這是領導者相當本質的部分，也是領導者的重要工作之一，就是**「將團隊所有成員變成當事者」**，當事者指的是**擁有「這是我的工作」、「這是我的責任」等自覺的人**。

聽到「領導者」一詞，可能會出現**獨自一人拉動團隊前進的印象**，但完全不是這麼一回事。

將團隊所有成員變成當事者才是領導者的工作，極端一點說，只要能做到這一點，即使領導者幾乎什麼也沒做，專案計畫也會自行推進。

## 可以用多數決的狀況和不能用多數決的狀況

這堂課的最後，我還要再提一件非常重要的事情，那就是關於**「多數決」**。

我想大家從小學起，一直採用在統整大家意見時使用多數決的做法。對大家來說太過理所當然，以至於即使長大成人後，還是有許多人相信「多數決才是正義」。

但多數決有個很大的缺點，那就是**徹底捨棄了少數派的意見**。

應該會有人反駁「日本的議會也是多數決啊。」

確實如此沒錯。日本政治系統採用議會制民主主義，無論我們選出議員，人民選出的議員決定國家政策，都是採用多數決。

民主主義在法國誕生之前的社會，是由部分特權階級決定國家整體的事務，國民只能遵從，這又稱為封建制度或專制主義。

與那樣的時代相比，可以透過選舉選擇議員的這個時代，可說有非常大的進步。

政治的世界之所以採用多數決，是因為國家需要議論的課題非常多，如果不能在有限的時間內下判斷，最終會讓國民利益受損。

也就是說，**多數決完全是妥協下的產物**，這方法本身並非理想的終點。

但實際上，有不少人誤解這件事，許多人**誤會「多數決作出的決定等於所有人的意見」**。

民主主義的終點，是**找出所有人都能贊同的事情，創造出不捨棄任何一個人的社會**。當然無法輕易找出答案，但可以透過對話努力尋找。

即使如此，像班級或學校這類與國家相比規模明顯小很多的組織，採用多數決的方法決定事情，我認為是相當粗暴的行為。其中甚至有老師遇到意見對立時會採用猜拳的方法來解決，更是不像話。

可以使用多數決的狀況，基本上只有**「每個選項都能得到所有人贊同的情況」**。

舉例來說，決定運動會的競賽項目時，「A很棒，B也不錯，但我們時間有限，只能選擇其中一個」，這種時候可以用多數決也可以用猜拳決定。

接下來總結這堂課的內容。

團隊開始一項工作時，一開始最先該透過對話找出所有人皆贊同的最高階目標。不管花多少時間都好，要以在此找到所有人的共同意見為最優先。

做好這點之後，大家進一步討論思考實現的手段。當大家陸續提出意見之後，每次都要與最高階目標相對照，一起確認「這點子真的符合目標嗎？」

## 第三堂課的重點

找出所有人皆贊同的目的（最高階目標），

不能捨棄任何一個人。

⇓

透過對話思考實現目的的手段。

專案計畫能否成功，

取決於是否建立起正確的目標！

第4堂課

# 能產出好點子的技術

LEADER

決定好最高階目標之後，
接下來得要決定「實現目標的手段」。

當領導者說出「請大家提出好點子吧」，
成員一個接一個提出好點子來……
事情當然不可能如此順利。

其實想讓大家想出許多好點子，
是有「方法」的。

## 獨自煩惱也遲遲想不出好點子來

這一堂課要來談論「決定手段的方法」。

首先，請先回想起我在上一堂課用圖示說明的，目的與手段的階層結構，就是那張金字塔圖。決定好目的之後，思考實現目的手段的步驟緊接在後等著，只要認真思考就能想出無限多的點子。

重點在「無限多」。

如果你感覺「手段有限」、「選項很少」，或許是因為你的視野太狹隘了。

思考要實現「讓所有學生樂在其中的運動會」的手段時，應該也能想出近乎無限的選項。

舉例來說，假設有不擅長運動但很會打電玩的學生，為了讓這樣的學生也能享受運動會樂趣，就可以將電競運動編排進賽事當中。沒有人規定學校運動會不能納入電玩遊戲，實際上在歐洲，電競也被視為一種運動。

當然得要面對技術上、預算上是否允許，有沒有辦法說服不知變通的老師或校長等等的課題，但作為一個手段，這的確有檢討的價值。

選項應該要多少有多少，但**實際上並不容易想出這樣獨特的想法**。如此一來，不小心就會變成「就照往年慣例來辦吧」、「調查其他學校的例子吧」，回顧過去的狀況增加，想要輕易地去模仿前例。

這種做法不能說完全不好，特別是調查其他學校曾做過哪些事情，這樣積極且謙虛的表現，我認為非常好。

最不好的是**「照往年慣例來辦」**，連「努力擠出好點子」的想法也沒有，完全停止思考。

之所以無法想出新的手段，就是我在第二堂課〈持續提問「這是真的嗎？」〉中提過的，因為人類的大腦有「習慣」。

舉例來說，說起煮咖哩時的材料，你會想到什麼呢？肉、馬鈴薯、紅蘿蔔、洋蔥、茄子、菇類、蝦子、花枝……頂多這些吧。應該不太會出現「好，我今天煮咖哩要加小黃瓜！」的想法。這是因為，我們有辦法馬上翻出到目前為止吃過的咖哩的記憶，但我們很難想出沒吃過、沒見過的材料。

雖然我也沒有吃過，但加了小黃瓜的咖哩，感覺會很清爽好吃呢。

就像這樣，點子這東西，**獨自一人再怎麼苦惱也想不出來**。正因為如此，思考手段時，**盡可能向越多人募集點子非常重要**。如此一來，就會出現超乎領導者想像的絕妙點子。

## 利用「腦力激盪」蒐集大量點子

那麼，該怎麼做才能引導團隊成員想出點子，以及該如何整合這些點子呢？在學校很常出現「想到好點子的人請舉手發言」的形式，但我要請大家學習更有效率的方法，那就是**「腦力激盪」（Brainstorming）**以及**「KJ法」**。

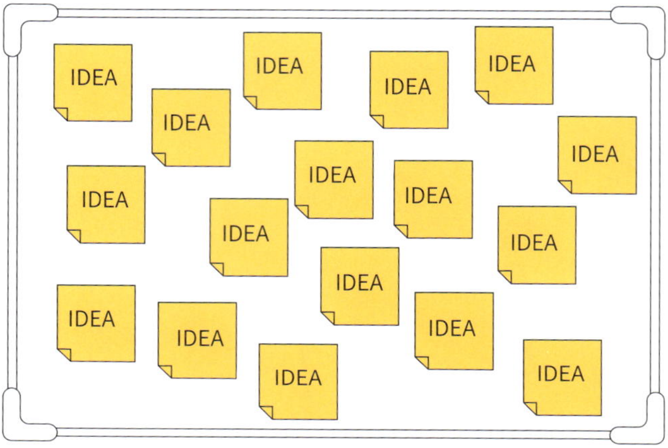


試試看「腦力激盪」吧

**蒐集點子**時要使用腦力激盪法，**整理大家提出的點子**時使用KJ法，基本上兩者幾乎都要成組運用。

在實際的講座中，我讓大家分組發表時，每次都會使用這個方法。順帶一提，這不侷限於蒐集點子，也可以運用在找出團隊面對的課題上面。

腦力激盪法的做法很簡單。

首先準備**便利貼**以及**白板**，別用在參考書上做記號用的小便利貼，請準備正方形便條紙尺寸的便利貼。

接著請所有人在便利貼寫下點子，一個點子寫一張，一個人要寫幾張都行，訂定五分鐘或十分鐘的時間限制，大家就能更專注。

寫完之後，各自貼在白板上，要貼哪裡都可以。

到這個步驟為止超級簡單，但腦力激盪有四個原則。領導者的任務就是要確實讓所有人理解這些原則，且控制全場讓大家確實遵守原則。

腦力激盪的原則如下：

1嚴禁結論。不可以否定別人的點子！
2自由奔放。想寫什麼都可以！
3重量不重質。總之寫越多越好！
4結合改善。相加、相乘都可以！

第2、3、4點的共通點就是「什麼都行」，最重要的是盡可能蒐集最多的點子。無關乎思慮深淺、無關乎善惡、也無關乎是否能夠實現，腦力激盪的目的在於盡量蒐集更多的點子。

即使是當下突然冒出的想法也沒關係，因為可能會有其他人看到這個點子後靈光一閃，想出更好的點子，這就屬於第四點。當感覺「這點子不錯耶」，也可以以此為基礎加上更多新點子上去。

第一次腦力激盪，大多數人會急著「得想什麼點子出來才行」，用非常認真的表情煩惱後，「嗯……還是別寫這個好了」，最後把自己的點子收起來。這是因為**把腦力激盪誤會成「作出結論的地方」**了，如果出現「要從這邊提出的點子中選出一個來……」這類嚴肅的想法，就容易感覺不提出完成度很高的點子不行。

所以四個原則中最重要的是一，**「禁止作出結論，或試圖作出結論的行為」**，需要反覆提醒團隊成員，腦力激盪終歸只是用來蒐集點子而已。

不作出結論也包含**不能否定他人點子**的意義，因為作出結論等同於捨棄結論以外的點子。成員們提出的點子，不管是怎樣的內容都要如實接納。

實際上進行腦力激盪時，主持人都說了「請別否定他人的點子」，還是有人會怒吼「這東西是誰寫的啦！」等等，對他人寫出的點子指指點點。

試想這樣的場面變成常態，會出現怎樣的狀況呢？大家會害怕自己遭到否定，或現場氣氛變糟而變得不願意說出點子來。

但實際上，這就是**現實會議上的常態**，我到目前為止出席過各種不同的會議，所以很清楚。

如果不導入腦力激盪的結構就直接募集點子，大家會把這場會議當作決定事情的會議，所以幾乎所有人都會沉默不語。而更遺憾的是，這會造成只有**部分聲量夠大的人的點子**通過。

不讓事情陷入這種窘境的方法，那就是腦力激盪法。

即使如此，如果在腦力激盪當中還是有人想反對其他人的點子，主持人在此就要拿出堅決的態度告訴對方「如果你有反對意見，就請你在便條紙上寫下替代方案並貼在白板上」。

根據我的經驗，如果出現會產生意見對立的氣氛時，在進行腦力激盪前就要先聲明「要放馬後炮寫出反對意見也完全沒問題喔」，這樣一來就能減少成員出現情緒化反應的狀況。

## 利用「KJ法」整理蒐集到的點子

透過以上方法蒐集大量點子之後，接下來運用「KJ法」整理。KJ是想出這方法的川喜田二郎（Kawakita Jiro）這位日本研究學者的姓名縮寫。

我們要做的就是如圖式一般，將腦力激盪想出來的點子**分組整理**。可以利用白板或大張模造紙來做，順序如下：

①建立小分組

把類似的點子集中一處，接著用筆圈起來，把這一群稱為小分組，然後替小分組取個相符的名稱。

可以拿筆直接寫在白板或模造紙上面，也可以用其他顏色的便利貼清楚表明這是小分組的名稱。

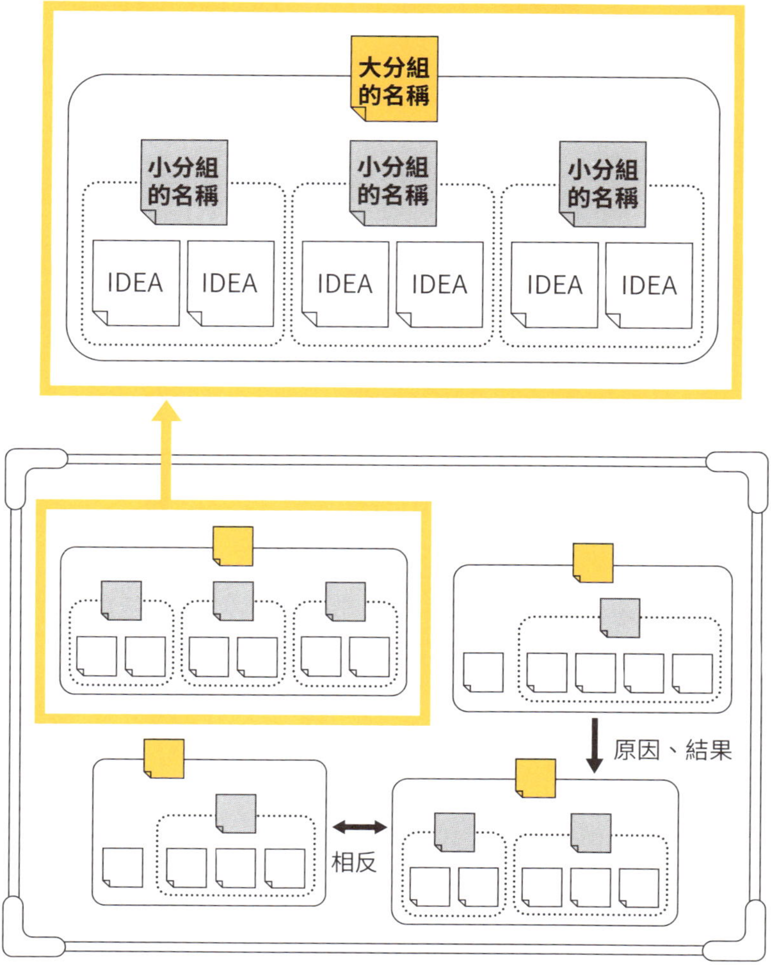
大分組
的名稱
小分組
的名稱
小分組
的名稱
小分組
的名稱
IDEA
IDEA
IDEA
IDEA
IDEA
IDEA
原因、結果
相反

試試看「KJ 法」吧

此時應該會有幾張便利貼無法分類到任何一個小組裡，這些請就這樣擺著。大家可能會想在此做出「其他」名稱的小組，但**在ＫＪ法中嚴禁使用「其他」**。

②建立大分組

接下來，看各個小組，以及無法歸類進任一小組的便利貼，將同一個系統的東西，感覺有所相關的東西進一步分組。在這個階段，可以暫時不去看已經分類進小組的便利貼。

在此將其稱作大分組，這也要加上名稱。

③畫出彼此的關係圖

最後觀望這些大分組，利用圖式來表達各分組之間的關係。舉例來說，之前我把目的與手段的關係用樹狀圖來表現，這正是種關係的圖式化。

如果利用白板，就能簡單移動及修正，可以因應需求改變大分組的位置。

關係性有幾個種類，**「目的與手段」**及**「原因與結果」**是相較容易理解的關係，從好整理的開始，接著再把整理不進去的大分組，利用與已經整理好的大分組間的關係（**「類似」**、**「相反」**、**「過去」**、**「未來」**等等）來加以整理。

以上就是將點子擴散開來的腦力激盪法，以及將意見統整起來的ＫＪ法的具體做法。當然接下來才要進入正式議論階段，但作為全體成員以當事者的身分從第一個階段開始參與起的方法，這兩種方法的組合其實**相當適合日本人**。

## 「腦力激盪＋ＫＪ法」就不會引發「情感上的對立」

日本人因為缺乏表明自己意見以及大家一起議論的經驗，遇到真的要討論時，想法的差異容易引發情感上的對立。

一旦情緒化就沒辦法順利討論下去，也會讓團隊氣氛變糟。另外在會議中，只要有個瞬間就能講贏對方的聰明人在，旁邊的人會變得更加害怕而更不敢提出點子來。如果無法催出點子的「量」，「質」的視野也會跟著變狹隘。

但腦力激盪與ＫＪ法的組合以「什麼都行」為前提，所以容易讓點子天馬行空無限擴散。另外，不管提出怎樣的點子，都能利用ＫＪ法機械式地吸收進去，大家習慣之後，簡直完美地**不會產生任何情感對立**。

用口頭說「控制你的情緒」也難以做到，但只要巧妙活用這類機制，就能控制情感。

在麴町中學，會利用二年級的暑假合宿，讓大家反覆嘗試腦力激盪與ＫＪ法。在橫濱創英國中・高中也預定從令和四學年度開始實施。

經過這場合宿後會出現明顯的變化，之後遇到班級需要決定什麼事項時，不用誰特別指示，「那我們開始腦力激盪吧」，學生們也會自動開始腦力激盪。

我以前曾到倫敦的國中視察，當時最讓我感到驚訝的，是學生們在上課中積極舉手，自由發表自己意見的畫面，和日本的學校完全不同。

不僅回答問題或是發問，甚至會為了闡述反對意見，或是贊同其他人意見而舉手，真是太驚人了。**表明意見這件事情，早已融入他們的日常生活中了**。

我也和倫敦這間學校的老師們交換了關於腦力激盪法的意見，我對他們這樣說：「日本孩子如果不使用腦力激盪法，就沒辦法說出自己的意見。大家都會因為在意人際關係而調整自己的意見，但就我看倫敦的上課情況，大家都能毫不客氣地說出意見，是不是不需要腦力激盪法了呢？」

沒想到老師這樣回答我：「沒這回事，如果不用腦力激盪法，**聲音大或是勢力大的人的意見就會輾壓其他人**，可能出現**一百對零這種極端偏差**，所以我們也要用腦力激盪法。」

聽他這樣說，我非常能理解。

腦力激盪法，是美國實業家亞歷克斯・奧斯本（Alex Faickney Osborn）以自己公司使用的會議方法為基礎發展出來的。聽說歐美人特地使用腦力激盪，是為了要把焦點放在擴張點子上面，且可以**控制人際關係及情感方面的雜音**。

請大家務必從平常開始活用腦力激盪與KJ法。

## 「價值工程」這個思考「版型」

接下來，我要接著講述決定手段的方法。

在此轉換切入點，正如我在上一堂課曾預告過的，要來解說「價值工程」。

決定手段時，不僅要廣泛募集點子，也為了別讓自己被「思考習慣」綁架，需要有意識地努力。此時**「思考框架」**就相當便於使用。

思考框架就是思考事情時使用的「版型」。

即使悶頭苦思「好點子快出來啊！」也遲遲難以想出好點子對吧，但只要順著「版型」思考，就能提高想出至今未曾想出來過的點子的可能性。

我想大家出社會之後應該會有閱讀各種商業書籍的機會，有許多人思考各種「思考版型」，也有許多介紹這些思考版型的書籍。

我接下來要介紹的價值工程，是思考**「最佳手段」**時使用的思考框架。由美國奇異公司的工程師勞倫斯・戴羅斯・麥爾斯（Lawrence D. Miles）構想出來的理論，可以追溯至西元一九四七年。

大家應該都聽過奇異公司這家公司吧，是發明家湯瑪斯・愛迪生（Thomas Edison）創立的公司，這方法被人發現相當好用之後，其他企業也競相模仿，接著也傳入日本。

我上堂課提過，時任ＩＨＩ的齋藤保會長，也是日本價值工程協會的會長。

V Value 價值 ＝ F Function 機能 / C Cost 成本

其實我在和齋藤先生對談之前，完全不曉得價值工程。我自己會使用類似的思考方法，但我不知道這是有明確定義的思考框架。

字面上看起來好像很難，但其思考方法其實很簡單，而且可以派上很大的用場，所以請大家藉此機會了解。

## 要把「價值」分成「機能」與「成本」來思考

我前言太囉嗦了，接下來終於要開始說明價值工程的內容，首先請大家先看下面這個公式。

V＝F÷C

這個公式就是價值工程的骨架。**V是商品或服務的價值（Value）**，**F是機能（Function）**，**C是成本（Cost）**，進一步可以解釋如下：

**商品或服務的價值，會隨著機能增加而上升，隨著成本增加而下降。**

分子F（機能）越大，V（價值）越大；分母C（成本）越大，V（價值）也越小。

也就是說，勞倫斯把「商品或服務的價值」拆分成「機能」與「成本」這兩個要素來整理。

舉例來說，假設大家現在要買手機，手機的功能越多越優秀，你應該也會越開心吧（F越大V也會越大）。

但是即使功能增加，若連價格也跟著提升，喜悅感也會減半。你會感到「我都花這麼多錢買東西了，有這點功能也是理所當然。」（C越大V也會越小）。

也就是說，「V＝F÷C」這公式想要表達「如果想提升商品或服務的價值，就要在**降低成本的同時，製造出好東西**」。

接著，我們把這邊的**「機能」**代換成**「手段」**來思考。

想要舉辦精采的運動會，想要讓大家樂在其中（V），只要這種想法越強烈，思考手段（F）時就會出現「想做這個，也想做那個」等各種欲望。

但如果需要花費大量勞力（C）才能實現這個手段，成員們會很辛苦的。如果工作量大到學生會成員們得熬夜才能做完，即使這次能成功，明年之後也沒人知道能不能順利辦到。

如果耗費太多預算還需要向家長募款，那可能會引起大家不滿。

即使是因為想舉辦精采的運動會才這樣做，但從價值工程的公式來思考，這個手段（F）極可能無法說是最佳手段。

## 只要將「目的」與「機能」切分開來，便能創造獨特想法

我們從價值工程學到的重要教訓還有一個，或許反而可說這一點更重要。當你運用價值工程時，要將「目的」與「機能」明確切分開來思考。

上堂課，我曾說過提問「目的是什麼？」相當重要，在價值工程中也要做相同的事情。把「目的」切分開後，就能想出「其他機能」也就是「其他手段」。

在此介紹一個在維基百科上「價值工程」日文條目中的例子：

請大家想像現在面前有一杯水。

首先，杯子的目的是什麼呢？

如果杯子外表有美麗的玻璃加工，或許是為了替餐桌增添色彩，如果是不鏽鋼且有真空構造的杯子，那或許是為了保溫。

但普通點思考，杯子最大的目的是要將液體固定在一個位置。固定之後不會潑灑出來，也易於搬運。

那麼，我們接下來思考杯子的機能。如果只思考將液體固定住的這個目的，實現此目的的機能會是「用液體無法穿透的材質包圍液體」。

首先請如上述，試著將目的與機能切分開，來思考自己的商品、服務，或者公司內採用的各項機制。

接著下一個步驟是，暫時聚焦在目的上。忘記眼前的機能，回到目的思考，接著詢問：

## 有沒有其他也能夠達成這個目的的機能呢？

也就是懷疑「不用杯子也可以吧？」

好的，除了「用液體無法穿透的材質包圍液體」以外，你還能想到其他方法可以將液體固定在同一個地方嗎？

試著讓腦袋靈活一點思考。

一個方法是「將液體冰凍」，另一個方法是「將液體做成果凍狀」。你現在肯定想著「原來如此」吧。

說起果凍狀，可以用紙尿布的例子來思考。紙尿布所使用的高吸水性樹脂是相當厲害的技術，每個小顆粒都能吸收比自己重一千倍的液體，也就是一公克的顆粒可以吸收一公升的水分。

這個紙尿布技術，也被活用在令人意外的地方，那就是沙漠。

即使把水灑在沙漠上，一瞬間就會蒸散，所以把高吸水性樹脂混入沙石中，提高地面的保水力。如此一來小型草木也有辦法生長，小型草木覆蓋地表降低地表溫度之後，又能進一步提升保水力。結果就能讓大型草木也可以在此生長，可以創造出這種良性循環。

真是出色的想法呢。「紙尿布」和「沙漠」。只要遵循價值工程的「版型」，強制將目的與機能切分開來思考之後，就能**從看似毫無相關的事情中，產生獨創的想法**呢。

## 該怎麼做，思緒才能不被前例影響呢？

人基本上**很容易執著於自己曾經做過的事情**。在商務世界中常常聽到「日本企業很擅長一點一滴逐步改善既有的東西，但非常不擅長革新」。

革新，是用新的思考方法或技術，創造出社會上未曾出現過的，全新價值的東西。為了能產生這樣的想法，日常生活在各種場面中的思考方法相當重要。

要成為領導者的人，不可以執著於自己至今使用的手段。為此要持續不停地深度思考「目的是什麼？」等本質性問題，接著用價值工程的思考方法，對自己的做法抱持**「除了目前的手段之外，真的沒有其他方法了嗎？」**的懷疑態度，請務必養成這樣的習慣。

近幾年受到新冠肺炎的影響，許多課程與學校活動紛紛轉為線上模式。大家的雙親居家工作的時間或許也增加了。

對大多數的人來說，至今幾乎沒有透過線上做什麼事情的經驗，所以無論營運方或參加者，一開始應該都吃盡苦頭。

但試著挑戰之後發現，要做還是做得到呢。

橫濱創英的老師們，一開始也被電腦操作搞得暈頭轉向，但現在已經在各自下了一番功夫之後，理所當然地進行線上授課呢。

而且實際操作之後發現，我們也因此學到透過線上才能擁有的便利性。

首先，省去通學及通勤的時間。一天只有二十四小時，我們因而得到了兩小時左右的自由，這對現代人來說簡直可謂奇蹟。

另外，校慶等開放校園的活動，在這之前也只有鄰近的人可以前來參加，但透過線上舉辦之後，全世界的人都可以參加了，這是至今未曾有過的變化。

社會這東西，就是逐漸利用新手段取代舊有的手段，藉此變得更加便利呢。

我剛剛介紹過「V＝F÷C」這個公式。

這個公式也包含「該如何減少既有機能花費的成本」的意義，也就表示「如果用完全不同的機能取代既有機能，或許能大幅減低成本」。

轉為線上教學之後節省了通學時間就是個好例子。

有沒有更好的手段呢？

隨時隨地思考這問題，對領導者來說相當重要。

## 成為「擁有決策能力的領導者」的方法

用價值工程與腦力激盪思考點子，但是點子越多也越讓人不知如何選擇。

在此追求的就是領導者的「決斷力」，接下來稍微講述這一點吧。

社會上談論領導者時，常使用「那個領導者很有決斷力」這類評價標準。

深入思考決斷力之後，可以將其分割成**「作出最適當的判斷」**以及**「作好面對任何結果的覺悟」**這兩點。

為了「作出最適當的判斷」需要那些要素呢，大家已經猜到了吧？就是**Critical thinking**。

為了找出最佳解答，取決於如何廣泛蒐集資訊，如何從多方角度分析事情，是否有辦法深入思考（該如何處理「資訊」，我會在下一堂課說明）。

只要逐步鍛鍊這項能力，就能逐漸提升判斷的「精準度」。

只不過，在此希望大家注意，**不可以過度拘泥「作出最佳的判斷」**。如果過度拘泥這點就會變得害怕失敗，陷入「無法作出任何決策」、「推延各種課題」等狀況中。

這就會變成所謂「沒有決斷力的領導者」。

說出「我不擅長 Critical thinking，所以沒辦法選擇」的領導者，要持續不懈地訓練深入思考，如果團隊中有擅長 Critical thinking 的成員，也要積極尋求對方建言，這一點也不丟臉。

順帶一提，在企業中要作出重要的經營判斷時，也常常尋求外部經營顧問的意見，因為顧問是一群 Critical thinking 的專家。

也就是說，**領導者不需要試圖獨自一人作出完美的決策**。

另一方面，也有領導者雖然能作出一定程度的 Critical thinking 卻沒辦法下決策，這類人需要的是「作好面對任何結果的覺悟」。

大家今後身為領導者要面對的課題，和學校課本上的問題不同，**沒有正確解答**。運動會也沒有正確解答，我所作的學校改革也沒有正確解答。

面對沒有解答的課題，**我們只能嘗試錯誤，從失敗之中學習**。在自己現在的能力範圍內深入思考後，總之先做做看。做了之後就能看見新的課題與改善點，從每次經驗中學取教訓，就能逐步接近**「疑似最佳解決方案」**了。

商業用語中稱這種解決課題的方法為「ＰＤＣＡ循環」，Ｐ為 PLAN（計畫）、D為DO（執行）、C為CHECK（查核）、A為ACTION（行動）。

在此容我省略說明，簡單來說，並非劈頭就要引導出「正確解答」，而是採用建立「假說」後執行、驗證的方法。

當然也會遇到不容許失敗的狀況，特別如果是比領導者更上級的人（之於班長的導師，之於學生會長的校長等等）是完全不容許失敗的人，那應該會承受相當大的壓力。

遇到類似狀況，試著以下述方法應對如何呢？

團隊打算要進行的事情，或者當下已經明白的不安要素，**事前先告訴自己的上級，先獲得對方的允許**。

「我們現在是這種狀況，所以我想用這樣的計畫進行。雖然不太放心，但從找出課題這層意義上來看，我認為也有一試的價值。」像這樣事前傳達「我要驗證假說」取得對方的同意。如此一來，因為上層已經同意了，也不好責怪你為什麼會失敗。

雖說如此，也不需要太過擔心。我過去也失敗過很多次，現在也仍會遇到不順心的事情、遭遇令人沮喪的時候。

但從中長期來看，這些失敗經驗正是讓我成長的食糧，我認為能有**「因為有過去的失敗，才有現在的我」**這種想法的人，才能夠成長為真正的領導者。

說起有決斷力的領導者，會給人迅速俐落地給出指示並調動團隊成員的強烈印象，但實際上並非如此。

領導者最該投注全部精力的，是**確認團隊是否朝著最高階目標行動**。關於細節手段，只要交給負責該部分的成員去思考就好了。

只要放權給對方，成員也會拼命思考，在嘗試錯誤中精煉手段，如果領導者在這個過程中插手，或者稍微失敗就斥責成員，成員的當事者意識會變得淡薄，變成依賴領導者的脆弱團隊。

**信賴成員並下放權限**這件事，其實是對領導者要求的第一個大「決斷」。

## 領導者該做的三件事

我透過到目前為止的四堂課，談論領導能力的核心。在此讓我先統整領導者該做哪些事情。

我認為追究起來，對領導者來說重要的事情有以下三點：

- **讓團隊所有成員成為當事者（將決定權與權限下放）**
- **讓團隊所有成員對「最高階目標」有共識**
- **由團隊所有成員一起決定實現目標的手段**

只要能同時做到以上三點，就能實現真正意義的「團隊合作」。

日本多數的學校會試圖用「和諧」、「團結一致」、「情誼」、「團結一心」等情緒化的標語來實現「團隊合作」，其實這是錯誤的做法。

盡可能讓所有成員都擁有權限，且朝向所有人都同意的最高階目標前進，各自在擁有的權限中拼命思考實現目標的手段，這才是能將團隊成員的能力發揮到極限的真正團隊合作。

絞盡腦汁、揮灑汗水以創造出這種狀態就是領導者的工作。

## 第四堂課的重點

**腦力激盪的四個原則**

① 嚴禁結論。不可以否定別人的點子！

② 自由奔放。想寫什麼都可以！

③ 重量不重質。總之寫越多越好！

④ 結合改善。相加、相乘都可以！

**ＫＪ法的四個步驟**

① 一張卡片（便利貼）寫上一個點子

② 建立小分組並命名

③ 建立大分組並命名

④ 畫出彼此的關係圖

**價值工程**

$$價值（Value）=\frac{機能（Function）}{成本（Cost）}$$

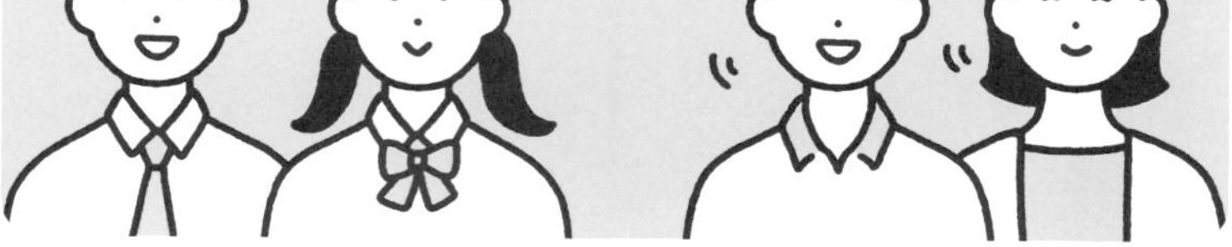

第5堂課

# 資訊的事實查核！

LEADER

從朋友之間聊八卦到世界新聞，
只要點點手機，就會看見非常多消息。

「蒐集大量資料的能力」在過去被視為重要技能，
現在比起資料量，分辨「正確資訊」與「錯誤資訊」的能力更為重要。

「事實查核」是媒體在做的工作吧？
才沒有這回事。
你能做到、也需要做這件事。

## 領導者需要事實查核的能力

現在這個時代，只要滑滑手機就可以找到任何資訊。說起大家這個年代的資訊來源，應該就是推特、YouTube、Instagram 及 TikTok 等媒體吧。

不只能**簡單獲得資訊**，每個人也都能輕鬆發送資訊，這是相當開心的事。但反過來說，也讓社會變得**資訊氾濫**了。一旦資訊氾濫，便會**搞不清楚到底什麼才是正確消息**。

舉例來說，例如新冠肺炎的相關資訊，世界級名醫發表的論文，以及毫無醫學知識的人藉著喝醉酒的氣勢隨便在推特上寫篇文章，這兩者在網路世界中並列存在。

也就是說，即使資訊的「量」增加了，也**不代表「質」跟著提升**。

我這堂課想要和大家談談「資訊素養」，也就是斟酌資訊的方法。

要提這件事，是因為只要成為領導者，為了可以從多方角度看事情，也得自己蒐集資訊，且站在這個立場上，也會有各方資訊集中過來。

此時要具備的能力，就是**「確認這個資訊是否為事實」**的**事實查核能力**。

無論什麼資訊，首先都要持續抱持懷疑的態度思考「這是真的嗎？」，這個資訊是來自值得信賴的消息來源嗎？是口耳相傳的嗎？是哪個人的推測嗎？或者完全就是假消息呢？我希望大家可以有看清這些的能力。

這也正是 Critical thinking。

## 別被網路文章的標題矇騙

首先，從大家也熟悉的話題開始說起。

大家曾看過 Yahoo! JAPAN 的網站嗎？集結來自各方的文章與連結，統合在同一頁面的網站稱為綜合入口網站，Yahoo! JAPAN 是日本最大的綜合入口網站。

在日本國內網站點閱數排行榜當中，接在 Google 及 YouTube 之後排行第三。超過一半以上的國民當作消息來源使用，是擁有巨大影響力的網站。

以下，是我從某天的「焦點新聞」類別中抽出的前三名新聞的標題。

首相頻喊「檢討」　在野黨批評

佐渡金山　暗示與韓國作事前討論

第二劑疫苗的效果降低至百分之五十二　研究

不僅限於 Yahoo!，網路新聞的標題大多都寫得讓人很想點進去看呢。Yahoo! 新聞的標題不過只有幾個字，但每個標題都引人產生想「稍微點進去看看吧」的興趣。

其實在此時間點，大家很可能**已被這些資訊玩弄於掌心中**了。營運網站的 Yahoo! 公司內部，有群人專門思考會讓訪問網站的人想點閱的標題。很驚人對吧。

但若過於將增加點閱率視為目的，極可能出現**被認為在「帶風向」的危險**。

在業界用語中，甚至還存在把真正惡質的稱作**「釣魚式標題」**，也就是**「為了引人點閱的誘餌」**呢。

我剛剛舉出的三個標題，資訊來源都是報社。這種情況，比較少出現標題和內容完全不同的狀況，但像「娛樂新聞」等類別中，偶爾也會混雜明顯要騙人上鉤的標題。

因為標題寫著A藝人與B藝人在交往，所以才點進去看，但實際上只是新電視劇的設定等等，大家應該都曾有過因此感覺「哇啊，被騙了！」的經驗吧。

利用Google搜尋找到的連結，資訊的品質參差不齊也是無可奈何。因為搜尋引擎只是自動尋找與關鍵字相符的頁面而已。

但即使是Yahoo! JAPAN這樣有自己的編輯部嚴選資訊的網站，也有各種不同品質的資訊混雜，而且還設下了讓大家想要點閱的機關，這正可說是現代「資訊氾濫」的象徵。

## 那則資訊是第一手？第二手？還是第三手？

那麼在資訊氾濫的現在，我們該如何取捨獲得的資訊才行呢？

我接下來要講述，希望大家最起碼要記得的三點。

請分別意識**「①資訊來源」**、**「②資訊的目的」**、**「③資訊的具體性」**等三點。不僅限於新聞，從旁人口中聽到的消息及閱讀的文章，文章中出現的資料等等，所有的資訊都是對象。

換言之，

- 這則資訊是由誰發出來的？
- 是基於什麼目的發出這則資訊？
- 資訊是否有含糊不清的內容？5W1H是否明確呢？

只要隨時隨地意識這三點，就能降低被非事實的資訊要得團團轉的風險。不僅如此，在日常生活中的人際關係也會變得順暢，肯定也能夠大幅降低「霸凌」，關於這點容我稍後說明。

首先關於「資訊來源」。

這個資訊只是單純的謠言？出自於網路的討論版？寫在週刊雜誌上的內容？國家正式發表的數據？民間企業獨自蒐集的數據？要確實確認。

資訊還可分為**第一手**、**第二手**及**第三手**。

第一手資訊，指的是**這個消息最初的出處**。舉例來說，若是提到「景氣很差」這個話題，第一手資訊就是日經平均股價，或政府公開發表的失業率數據，GDP成長率等等。

第二手資訊，指的是**某人拿到第一手資訊之後，進一步加工後發送的資訊**。舉例來說，經濟學者寫了「分析政府最新統計數據的結果，顯示景氣正在下滑」的文章，這篇文章就屬於第二手資訊。報社及電視台的報導，只要不是獨家採訪得到的消息，基本上都屬於第二手資訊。

第三手資訊，指的是**根本搞不清楚出處的資訊**。舉例來說，平常連新聞也不看的人，只是因為剛好碰到自己的工作減少，就抱怨「景氣變差真的讓人感覺很厭煩耶」，這類資訊就屬於第三手資訊。

從「資訊品質」這個觀點來看，**最值得信賴的是第一手資訊**，最無法信賴的是第三手資訊。當然，第一手資訊也可能是假資訊，但與第二、第三手相比，

看清楚資訊的種類

造假的可能性更低。

另一方面，從「資訊量」的觀點來看，**量最少的是第一手資訊**，第二手、第三手也會隨之增加。

也就是說，大家已經明瞭了吧。大家平常接觸的資訊大多都是第二手、第三手資訊，不能囫圇吞棗照單全收啊。所以 Critical thinking 相當重要。

要懷疑「這是真的嗎？」希望大家養成只要稍微感到不對勁，就要試著尋找第一手資訊的習慣。

## 那個消息是事實？傳聞？推測？假消息？

以上為第一手、第二手、第三手資訊的說明。

我希望大家可以當作常識記起來，但其實我們平常接觸資訊時，和以上說明略微不同，會用四種分類來思考。

這四種分類如下：

- **事實** 出處值得信賴的消息，有所根據的消息等等。
  例：「我數學考一百分耶，給你看。」
- **傳聞** 從他人口中聽到的話、謠言等等。
  例：「聽說A數學考一百分耶。」
- **推測** 某人作出的預測、推測等等。
  例：「A考試好像作弊。」
- **假消息** 帶有惡意的謊言，誇大其實的話。
  例：「聽說A考試作弊耶。」

我們從他人口中聽到一件事時，總會加以思考這件事屬於四個類別中的哪一項，這個分類當然終究也是為了看清楚「什麼是正確的資訊」而進行。

那麼，我們該怎麼分辨資訊屬於「事實」、「傳聞」、「推測」、「假消息」的哪一項呢？

其中一個方法，如同我剛剛說明的第一手、第二手、第三手資訊這樣，確認消息出處。但實際上，即使知道消息來自何方，也常會單純因為「資訊不夠充分」而無法作出正確的判斷。

此時推薦給大家的方法為**「讓資訊變得更加具體」**。

舉例來說，假設現在大家聽到「A和B放學後發生爭執，A被揍了。」因為班上都在傳，即使只是傳聞，似乎真有「A身上發生什麼事」這個事實。

這邊最大的問題在於，只靠「被揍了」這點，資訊量過少沒辦法說是事實。

A被打到落花流水嗎？只是頭被打了一巴掌而已嗎？兩人互相拉扯時，A不小心跌倒受傷了？我們完全不清楚是哪種狀況。而最重要的「為什麼會發生這件事？」也不清楚。

像這樣資訊量過少時，多數的人會不小心做出什麼舉動呢？大家已經猜到了吧，沒錯，就是推測。會擅自創造資訊。

而這個「推測」透過哪個人以「傳聞」的方式散播出去，彷彿真有其事，最後「假消息」就由此誕生。

為了不被捲入這種連鎖反應中，碰到資訊太少時要盡可能讓資訊更加具體，**試著去掌握資訊的整體面相**。

如果我聽到學生向我報告這件事，我會立刻詢問下列問題：

那A受傷了嗎？
他被打到哪裡？
被打了幾下？

巴掌打的嗎？拳頭打的嗎？

被打多重？

為什麼被打？

A和B現在情況怎樣？

這些提問的答案，當然也要戴上「事實」、「傳聞」、「推測」、「假消息」的濾鏡來確認。藉此方式增加「事實」，增加資訊的信賴度，就容易作出適當判斷。

## 不管什麼資訊，都有其發訊的「目的」

另外希望大家意識到「資訊的目的」，不管什麼資訊，肯定包含**發訊者的意圖**。大家寫在筆記本角落的塗鴉或許沒有意義，但公諸於世的資訊，有必須公諸於世的目的。希望大家意識「目的到底何在」。

在此，我們一起來讀我剛剛介紹Yahoo! JAPAN新聞標題時提到的「第二劑疫苗的效果降低至百分之五十二　研究」的文章內容吧。

點開連結，首先我們看到這則新聞是由大型報社所寫的。由專業記者撰寫，是一定程度值得信賴的資訊出處。

新聞的內容為「二〇二二年一月下旬時接種第二劑新冠疫苗的人，預防發病的效果暫定約為百分之五十二，去年夏天在 Delta 病毒株流行時調查的數據為百分之八十八點七，有降低現象。」

順帶一提，報導中提到數據由「長崎大學等研究團隊」發表，所以這也是相當值得信賴的數據。

那麼，撰寫這則報導的目的在哪呢？

這個數據是月中提出的「暫定值」，所以到一月底提出「確定值」後寫報導也不會令人感到奇怪，但記者在暫定值的階段就先寫成報導了。其目的，也利用引用進行此項調查的長崎大學老師的話的形式明確表現出來。

「即使接種疫苗了也請別大意，要繼續做好防疫對策。」

也就是為了多少防範疫情擴大，研究團隊及報社都認為「得要讓社會大眾知道疫苗的效果稍微變差了才行！」

我希望大家接觸資訊時，可以思考到這一步。

只要你能做到推測資訊的目的，就能客觀看待資訊。不是被資訊的目的玩弄於掌心中，而是**將該資訊用自己的方法分解，用來作為重新組裝自己想法**時的「材料」。

舉例來說，徹底剷除這則新聞的贅言之後，唯一留下的重要資訊只有「接種第二劑疫苗後的預防發病效果大約百分之五十二」，即使只有這一行字也足以有新聞的價值。

但因為新聞報導的目的終歸「希望人們別大意」，藉由與百分之八十八點七這個數據相比較，來強調「效果變差」，以提升讀者的危機意識。

此時，容易受資訊影響的人，也**容易出現發訊者期待的反應**。

驚慌失措「真假，效果變差了耶！糟糕，該怎麼辦啦！」或過度反應「那打疫苗根本沒意義啊！」等等，正是提升讀者的危機意識了呢。

但如果是能思考資訊目的的讀者，看完報導後也能解釋成「原來如此，不能大意確實沒錯，但也還有一半的效果，我有打疫苗真是太好了。」即使面對相同報導，也能用完全不同的方法理解。

除此之外也希望大家務必記起這一點，日本人有**格外信賴媒體的傾向**。在世界價值觀調查（Word Values Survey）這份問卷調查中，比較了世界各國「對於組織及制度的信賴度」。

根據調查結果，日本人有六成左右回答「信賴報紙、雜誌、電視」，歐洲大約三成左右，美國兩成，英國甚至只有一成。

我剛剛提過，媒體的資訊基本上都是第二手資訊。歐美人清楚理解，媒體傳播資訊時，其中肯定有著什麼意圖，所以即使是**新聞報導也不會照字面接收**。

與之相較，日本相當多人直接相信，六成這個數字就代表這個意思。我不是說媒體資訊全都是虛假的，但我希望大家面對資訊時要注意別成為這六成人的其中一分子。

## 事實查核在日常生活中也能派上用場

剛剛說完該如何看清資訊，這方法也能運用在日常生活中。

舉例來說，假設現在是放學後，你正跟要好的朋友們在教室裡閒聊。聊著聊著，A同學開始說起他朋友B同學的壞話，這類場面應該不罕見吧。

這種時候，我希望大家可以最先思考，A同學為什麼要說出這個資訊。

大家應該能理解吧，A同學有「希望大家和我一起討厭B同學」的心思。即使不到討厭，也希望對B同學有所不滿的自己可以多少得到大家的同理心，所以才會故意提起這個話題。

但即使A說出這種話，你也不必隨波逐流。或許有人會因為不想要破壞氣氛而順著A，但如果你不想要順著A，我有句很好用的話教給大家：

「是喔～這樣啊，那你是從哪聽到這件事的？」

「具體來說是哪方面啊？」

利用詢問對方消息出處，或讓資訊更加具體化的詞句。說出這些話之後，**大多可以制止對方繼續說下去**。這等同間接問對方：「你說出口的話有幾分真實，哪些是你自己的意見呢？」

而且話說回來，在對方說起他人壞話那時起，極可能早已加油添醋一番了，甚至可能是完全捏造的，最常見的是懷有惡意的解釋或臆斷。

**為了貶低他人而說出口的資訊最不值得信賴**，所以問出「你這是從哪聽來的啊？」來查核事實相當重要。當然也可能碰到被說壞話的人有錯的情況。但當事者有怎樣的過錯，身為領導者又該如何應對，領導者都需要自己直接確認。

## 學習英文顯得越來越重要的理由

最後讓我補充一點。

大家是為了什麼學英文呢？**「為了理解異國文化」**、**「為了與人溝通」**等等，我想大家各有不同的目的，但意外容易被遺忘的是**「為了獲得資訊」**。

具體來說，就是增加高品質的第一手資訊來源。懂英文是事實查核時相當大的利器。

在網路上輸入日文作關鍵字檢索時，也只會找到日文撰寫的網站。而**日文網站只占全世界網站的百分之二點四而已**。

與之相對，**英文網站占網站總數的百分之五十九點三**，只要懂英文，你的世界也會立刻變得遼闊。

在日文網站上當然也能獲取全世界的資訊，國外第一手資訊的日文翻譯，介紹世界大小事的報導，從世界各地蒐集而來的資料庫等等，有各種網站。

但這全部都是某個人基於「我想告訴日本人這些資訊」的想法，經過加工、編輯過後的資訊。也就是說，在這個資訊轉換成日文那一刻起，基本上即為第二手資訊，純度已經沒有第一手資訊高。而只懂日文的人，往往會忘記這件事。

話說回來，日本的大學都用日文授課。雖然最近全英授課有增加的趨勢，但基本上還是用日文。

但其實像日本這樣，高等教育用母語上課的國家相當罕見。去看看東南亞及歐洲的大學，課本基本上都是英文，這是因為光靠母語沒有辦法含括所有專業知識。

關於這點，日本到目前為止都很幸運。

二〇〇八年獲得諾貝爾獎的物理學家益川敏英先生非常不擅長英文，如果不請人幫他寫英文論文他就寫不出來，聽說國外的學會邀請他參加他也從來沒去過。學會正是得到最尖端第一手資訊的地方，但他選擇不去。順帶一提，聽說他到斯德哥爾摩參加諾貝爾獎頒獎典禮時，是他人生中第一次出國。

也就是說，即使只懂日文也能做出驚人的研究成果。

但這種時代早在二十年前左右就已經結束，只靠日文學習，**在現代的學術界變得壓倒性不利**了。

如果大家今後想以大學生、社會人的身分獲得專業知識，想要接觸世界最尖端的學識，**直接搜尋英文論文、書籍或網站**應該會變成稀鬆平常的事情。即使自己沒打算出國留學或旅行，學習英文仍有相當大的價值。

這堂課的最後，我要問一個問題。

根據文部科學省（相當於中華民國教育部）公布的「科學技術指標

二〇二二」，常被研究人員引用的「頂尖論文」數量，第一名是中國，第二名是美國，日本甚至輸給印度只有第十名。

這資訊或許沒辦法成為「該學習英文」的根據，但你有什麼感觸呢？

如果想要對外發送這個資訊，你會加上怎樣的標題呢？

# 第五堂課的重點

確認這些要點，看清資訊吧！

這個資訊：

①是誰發訊的？

　＝資訊出處

②為了什麼發訊？

　＝資訊的目的

③有沒有含糊不清的部分呢？

　＝資訊的具體性

這個資訊是事實？

傳聞？

推測？

假消息？

第6堂課

# 活用人才的技術

LEADER

人理所當然不會聽命行事，

無法精準傳達想說的話是天經地義。

但是希望對方動起來，

但是希望對方聽懂。

我要在此教大家，

這種時候要使出「禁忌技巧」！

## 當團隊像一盤散沙時，領導者該做什麼？

這個講座也已經來到第六堂課了，為了確認大家有沒有把先前的上課內容記在心上，請讓我問一個問題。

假設你現在二年級，也有參加社團活動。三年級引退之後，你被選為新任社長。要以新體制開始運作社團，但團隊處於一盤散沙的狀態，身為社長，你有什麼想法，並打算從哪件事開始著手呢？

花兩、三分鐘就好了，稍微思考一下吧。這是成為領導者之後極高機率會碰到的狀況，當然這也沒有「標準解答」。

好的，大家思考得怎樣了呢？

如果是我，我最先會**「接納團隊理所當然會是一盤散沙的狀態」**，要告訴自己「不過是各式各樣的人恰巧聚集在這個社團裡罷了，團隊像一盤散沙再正常不過，不可以因為這種事焦慮，如果在此情緒化就輸了。」

理解他人和自己不同，不可能讓他人順自己的心意行動，這樣就能讓自己的心平靜下來。

實際當過領導者的人應該能懂，剛組織的新團隊會有點不太自在的氣氛。大家隱藏真心互相試探，一種腳步虛浮的感覺。而且成為這類團隊的領導者之後，或許會被人用「這傢伙到底能做什麼啊？」的眼神看待。

任何團隊都可能發生類似事情，首先請先適應這種氣氛。只要經歷過幾次之後肯定能習慣，訣竅在於別過分被這股氣氛影響。

我接下來會**創造從每位成員身上獲得資訊的機會**，這些資訊當然也包含情緒化內容、不確實的內容、誇大其辭的內容。但此時要貫徹「聆聽」，我在這個階段不太會設下什麼機關。

我會把時間花在搞清楚每個成員的價值觀是什麼？他們有著怎樣的個性？想要朝哪個方向前進？等各有差異的地方。

做完之後就找個時機，尋找我在第三堂課提到的「所有成員皆贊同的團隊最高階目標」，專注將這個目標滲透到整個團隊中。

我根據自己的經驗，已經可以一定程度掌握訂定哪類目標為最高階目標，大概就能順利進行的訣竅，所以碰到時間有限的專案時，可能會由我直接提示團隊的最高階目標，但基本上讓所有團隊成員反覆討論之後再決定最好。

只要目標一致，大家就會朝同個方向前進，也能逐漸脫離各自為政的狀態。

許多人會在此有所誤解，團隊是一盤散沙的狀態時，即使領導者號令**「大家好好相處嘛」**，也**幾乎沒有任何意義**。大家應該明白理由吧，因為並非所有成員皆贊同。

團結團隊的方法，就是「設定所有成員皆贊同的目標，將所有人變為當事人」，除此之外別無其他。

日本多數的領導者都是感情用事的，還有人會說出「和諧很重要」、「團結一心」等臺詞，但話說到底，人心自由且多樣。**心根本不可能變成一條，也不能強迫心接受這些道理**。

領導者該做的是讓大家目標一致，創造出各自思考實現的手段並加以行動的狀態。這便是所謂的**「團結團隊」**。

反過來說，只要團隊有共同目標，就算每個人分頭行動也完全沒有問題。想要連行動也「團結」起來正是「手段目的化」的表現，反而造成反效果。

那麼我們就回顧到這邊，接下來進入正題吧。

## 有讓人鼓起幹勁的技巧嗎？

這堂課的主題是**「活用人才的技術」**，如果覺得「活用」不好理解，可以想成**「讓人鼓起幹勁的技術」**也沒關係。

團隊裡有各式各樣的成員，優秀的領導者可以創造出讓所有人積極採取行動的狀態。

假設現在有個廣受歡迎的領導者，有好幾個成員願意照他的指示行動，即使如此，如果只能讓團隊中一半的成員動起來，那就不算是徹底活用整個團隊。

正如我反覆提及的，人不會那麼輕易聽命行事。

但很幸運的是，已經有非常多前人研究活用人才的技術，心理學及行動經濟學就是這方面的學問。

大家如果有去書店，也請確認一下。可以看到許多命名為《打動人心的〇〇術》的書籍（會有如此多此類書籍出版，代表對人類來說，想要讓人聽命行事是很大的煩惱）。

不只領導者需要讓人聽命行事或讓人能湧出幹勁行動，得說服顧客的業務員，公司的市場行銷人員，以及希望心儀對象注意自己的人，每個人都希望可以打動人心。所以這堂課要學習的事情，能在每個人的生涯中派上用場。

我接下來要介紹的主要為心理學技術，或許有許多第一次接觸的專有名詞，但不用記住也沒關係。取而代之的要聚焦在**「人類有這類心理」**、**「人類會作出這等反應」**上面來閱讀。

只不過，有一點希望大家注意，我選擇介紹給大家的技術，是大家實際上成為領導者領導團隊行動時，有相關知識會很方便的技術，絕非是只要利用點小技巧就能操控人心的意思。

領導者絕對要秉持誠信，若**過於玩弄技巧會失去信賴**，請大家務必記住。

## 從小要求開始的「得寸進尺法」

首先要介紹名為**「得寸進尺法」（Foot-in-the-door）**的談判技術，也可直譯為「侵門踏戶」，想像上門推銷的業務員來你家，單腳伸進門縫中向你推銷的畫面應該很好理解。

因為他的腳已經伸進門內，屋主也沒辦法關門，總的來說可說是**「從小要求開始，最後實現大要求的方法」**。

我也常用這方法，我想應該是有下屬的人習以為常使用的技術。

說起為什麼這技術有效，因為人類擁有**「希望對方認為自己是貫徹始終的人」**的欲望。

以上門推銷為例，假設推銷員一開始說了「請給我一分鐘就好，能聽我說

**得寸進尺法**

說話嗎？」屋主對此會想「只有一分鐘那就聽聽吧」而打開門。也就是說，屋主面對銷售員的要求，雖然只是微不足道的事情，但已經說出「好」了。

其實在這一刻，即使銷售員沒有真的把腳伸進門縫中，也已經創造出「侵門踏戶」的狀況了。這是因為屋主面對「請聽我說說話」的要求做出「好」的回應，如果在那十秒後又說出「還是算了」，會被當作出爾反爾的人，所以很難說出口。

當然，如果是很詭異的強迫推銷，認為「這個人要怎麼想我都無所謂」，或許還是能在十秒後說出「還是算了」。但如果他是上門募款或拜託你來當志工的話又如何呢？面對拜託你幫忙做好事的要求，應該很難開口拒絕。

假設上完課之後，老師對你說：「可以幫我收拾一下嗎？只要幫我把這本書拿去辦公室就好了。」應該會覺得「只有書而已沒關係」而幫忙吧，但一週後，老師又說了「上次謝謝你幫忙，這次東西也有點多，可以幫我搬這三個紙箱嗎？」你會怎麼辦呢？

如果第一次就要求幫忙搬紙箱，或許會選擇拒絕。但因為已經曾幫過老師的忙，許多人心中不想破壞已經建立的「會幫老師忙的人」的自我形象，所以會選擇幫忙。

成為領導者之後，無論如何都會碰到如果成員不願行動會很頭痛的場面，雖然最理想的是創造出當事者自發行動的狀態，但有時也會不順利，此時便能運用此技術。

此技術當然不能拿來使壞，請只為了團隊整體，為了積極正向的目的而使用。

以退為進法

## 從大要求開始的「以退為進法」

接下來介紹**「以退為進」（Door-in-the-face）**這個談判技術，可直譯成「當面關門」，這和「得寸進尺」正相反，**藉由最先開口說出大要求，讓對方更容易接受小要求**。

這是從「shut the door in somebody's face＝把某人拒於門外」延伸出的說法，可以想像成一開始就向對方提出大要求，被對方甩門拒絕的畫面。

我也常使用這方法，而且比得寸進尺還好用。

做法很簡單，只要最先開口說出對方絕對會拒絕的要求就可以了。

舉例來說，某天你突然央求爸媽：「我想要去加州的迪士尼樂園。」如果在此得到「好啊，我們去吧！」的回應算賺到，但一般來說應該只會得到「你在說什麼，怎麼可能。」

此時提出「那去東京迪士尼也是可以啦。」比自己原本的要求更小的要求，如此一來，對方同意第二個要求的可能性會變高。

每個人都會對拒絕對方要求感到**壓力**。

再次拒絕當然也是壓力，而且也會對前次拒絕產生**「很愧疚」的心情**，所以難以拒絕比前次更小的要求。

我自己的情況，假設現在希望某位老師提早交資料，我會問：「那份資料有辦法今天交嗎？」

我早已經預料會收到「沒辦法」的回應，當對方說「不行，今天會有點為難。」之後，我會接著說出自己原本的要求：「說的也是，抱歉抱歉，那可以這週交嗎？」如此一來大多可以得到「啊，這週的話時間很充裕。」的回應。

如果最初提出的大要求過於強人所難，也可能會讓人產生「這傢伙是在說什麼？」等不信任感。總之雖然需要注意使用方法，但知道有這項技術是很方便的。

## 即使意見不同也會配合他人的「同步現象」

身為領導者非知不可的人類心理中，有個叫**「同步現象」**的東西。你是否曾經碰過班上幾乎所有人都贊成某件事時，自己也無法違抗潮流而跟著贊成的經驗？這正是同步現象。

以前電視節目曾做過有趣的實驗，大家平常搭電梯時會面向哪邊站著呢？應該是面對門吧。而在這個實驗中，當受試者走進電梯時，電梯裡的人全背對門站著，這個實驗要觀察受試者碰到這種狀況會有怎樣的行動。

實驗結果顯示，這種時候果然還是會配合旁人行動，即使與自己的意志相反，仍會一起背對門站著。

至於為什麼會這樣做，是因為**「只有自己一個人不同會感到不自在」**。背對門站著當然也不自在，但只有自己做出不同的行為更容易令人不自在。反過來說，與周遭同步的狀態從某種意義上來說是很自在的狀態。

但是，絕對不可以因為身邊的人霸凌誰就跟著一起霸凌對方，身為領導者得要阻止大家才行。

你不需要事事貫徹一匹狼風格，但偶爾也需要擁有不管周遭施加多大的壓力，為了實現團隊的最高階目標，堅決不能退讓就是不能退讓的強大信念。

只不過，客觀理解同步現象這種心理對領導者來說相當重要，根據狀況也可利用這點。

舉例來說，當想對團隊提案時，我會事前先對有發言權及影響力的幾個人說自己的提案。自然問出：「我稍微思考了這樣的方案，可以請給我一點意見嗎？」接著個別說明，如果有必要也在此說服對方獲得同意。

像這樣**先做事前疏通後再對整個團隊發表**，因為馬上有人積極表達了贊同，**立場中立**「我不贊同也不反對耶……」的人**也容易倒向贊同**。

當中立者贊同之後，接著模糊感覺「我比較想反對的說……」的人，就可能想著「哇，大家都贊成了，算了，我贊成也是可以啦。」而改變意見。

這不能算安排暗樁，只是稍微在「哪時說服誰」這順序上下了功夫而已，是相當好用的技巧。

## 集團心理的恐怖之處「冒險偏移」

另一個與同步現象類似，希望大家務必也有概念，是稱為**「冒險偏移」（Risk shift）**的現象。

我在〈第四堂課　產出好點子的技術〉曾提過，向各式各樣的人募集點子很重要。其實當推心置腹的同伴們一起決定事情時，容易作出極端的結論。因為**容易朝有風險、激進的方向偏移**，所以稱為冒險偏移。

冒險偏移現象常可見於國、高中生之間。

舉例來說，我上一堂課曾提到，遇到朋友開始說他人壞話時，該怎麼阻止他繼續說下去。如果沒有人阻止，可能導致中傷毀謗不停升級，而這很可能進一步發展成霸凌或暴力事件，最壞的狀況還可能發生凌遲兇案。

最近已經比較少聽說了，但在二十幾年前，常常發生國高中年紀的團體和其他學校的團體鬥毆的事件，這也可說是冒險偏移的一種表現。

因為「隔壁校的那傢伙瞪了我一眼」這類小事，「那傢伙不可原諒」、「怎麼可以被小看了」、「去給他個教訓吧」等等，憎惡不斷升級導致最終爆發。

成為領導者的人，需要知道這種**集團心理的恐怖之處**。雖有「三個臭皮匠勝過一個諸葛亮」等諺語，但這也可能**朝不好的方向發展**。

所以我在編組團隊時，為了預防冒險偏移，會**刻意把意見相反的人，或個性相反的人混編在一起**，就是刻意放入一個踩煞車的人。

但如此一來，討論當然會變得難以進行。只要有人堅決反對，就不容易出現同步現象，所以有時需要花很多時間才能作出結論。

但這般經歷難產才出現的點子，大多是好點子。因為持反對意見的人也確實參與對話到最後才同意了這個點子，將此點子展示在所有人面前時，眾人皆贊同的可能性極高。

請讓我不厭其煩重申，點子**「是否能讓所有人皆贊同」**很重要。

關係良好的人一起討論時，討論熱絡又開心，可能很快就能決定好點子。但興奮中作出結論的點子，大多沒辦法說服所有成員，即使採用了這樣的點子也會在某個階段失敗而被打回原點。整體上來看，慢工出細活的方式更好。

## 讓沒幹勁的人產生興趣的提問方法

講到這邊，我也介紹了不少心理技巧，那麼來做一張學習單吧。

有一位A同學，每次約他去看電影他都會拒絕。

請想一個無論如何都要成功讓A答應電影邀約的方法。

可以使用我教過的技巧，也可以不用。

在實際的講座中，學生提出以下回答：

- 設定成五個好朋友一起去，然後邀他「我們（A同學以外的四個人）這天有空，你也會一起去吧？」
- 和A一起閒聊時找幾個喜歡電影的人加入，要他們說說電影的魅力。
- 約他去比較遠的電影院，如果他說「那太麻煩了我不想去」就接著約他去家裡附近的電影院。
- 也一起約和他要好的人。
- 如果他答應一起去看電影就請他吃晚餐。

這當然沒有標準答案。

順帶一提，我的點子如下：

「明天要不要去看電影？我明天白天很閒耶。」先強調「明天」來試探。如果A在此說出「這麼突然約我，明天不行啦。」幾乎已經定出勝負了。接著問「啊，這麼說也是，那你什麼時候有空？」創造出非得去看電影不可的氣氛。

這裡也用了得寸進尺法，但重點在**用「什麼時候去?」的形式問**A這一點。如果直球對決「要不要去看電影?」應該會立刻被拒絕，但被問到「什麼時候去?」（或者「你喜歡恐怖片還是動作片?」）時，A的意識已經被引導到「我哪時會有空?」（或者「我喜歡哪類型的電影?」）上面，如此一來便不容易意識到「我要不要去看電影」了。

提問也是**「強制改變對方意識方向的行為」**。正因為如此，可以在提問的方法上下功夫。

## 考量每個人的狀況後建立作戰

雖然請大家試著思考邀約A的方法，但或許也有人心想「還真麻煩耶」，也有人會想「如果他那麼不想去，放任他不管也沒關係吧」。這樣說沒錯，但其實領導者得要時時刻刻思考這類問題。

雖說要把所有人變成當事者，但**每個人狀況都不同**，有人能夠立刻轉變，也有人遲遲無法轉變。A計畫在部分人身上行得通，在部分人身上就行不通。所以成為領導者，隨時隨地都要想像「我該如何做才能說服這個人」、「如果是那個人又該怎麼做」，我希望大家要**針對每個人下功夫思考**。

這是發生在我還是年輕教師時的事情，肯定也能提供大家參考。

那個學年有四班，所有班級的班長、副班長們討論之後，向學校提出希望能讓他們學年舉辦迷你運動會的要求。該學年當時氣氛相當緊張，所以他們希望可以做一件讓所有人樂在其中的事情，以期改變氣氛。

校方也能體諒，所以特別允許他們使用兩堂課的時間在體育館中舉辦。

在此，八位班長、副班長絞盡腦汁想出四個比賽項目，繞著球棒轉圈之後障礙跑，用紙箱做成的履帶爬行競賽等等，項目本身相當單純。這是考慮「不需要繁複的準備工作，每個人都能做到，而且大家還能玩得很開心」後的成果。

而且他們最棒的是，不僅一手包辦當天的營運工作，甚至不出賽貫徹幕後工作人員的工作。

只不過，他們很擔心一件事，學年裡有幾個很不合群的學生，也就是當時所謂的「不良分子」。只要有學校活動，他們總會露骨擺出「無聊，我們一點也不想做」的態度。

如果他們對迷你運動會展現反抗態度，然後遭到班長或老師指責「喂，好好做啦！」會讓歡樂氣氛瞬間消失無形。

明明最大的目的是希望提振學年整體的氣氛，但這樣下去他們很可能會破壞這個氣氛，班長們百般思考之後建立作戰計畫。

至於是怎樣的計畫，他們請和這些不良分子比較要好的班長，分別去說服他們，拜託他們在各競賽項目中表演示範賽。

他們雖然會擺出彆扭態度，愛唱反調，但同時也很喜歡出風頭。所以班長才會拜託他們做最引人關注的工作，被拜託的人也喜不自禁。

如此一來會如何發展呢？

第一個項目是轉圈後障礙跑，因為快速轉圈後要使出全力奔跑，宛如搞笑劇般摔得四腳朝天，全場大爆笑，不良分子們也大受歡迎。他們已經化身主角，迷你運動會非常熱鬧，班長們的計畫成功。

這個計畫最棒的地方在於，以最恰當的分寸，故意讓沒幹勁的人成為中心人物，將他們變成當事者這一點。除了利用「可以大出風頭喔」讓對方能容易答應的理由邀約對方，並且為了炒熱運動會氣氛，將容易令人捧腹大笑的轉圈後跑步選為第一個比賽項目。

為了能建立起這樣的作戰計畫，需要預測能力，以「這個人應該會出現這種反應」等預測為基礎思考行動。

## 在各種場面皆能派上用場的「自信堅定的說話方法」

從前述的例子也可以得知，只要成為領導者，就得和各式各樣的人對話。只考慮自己、只選擇和自己合得來的人對話的人不配當領導者。

在此，這次有個溝通技巧希望大家記起來，這技巧相當重要，甚至可說知道與否會大幅改變人生。

生硬說法可說成**「名言主張」（Assertion）**或**「自信溝通」（Assertive communication）**，簡而言之**「先接納對方的說法之後，再表達自己的想法」**，只要養出這個習慣，就能飛躍性地提升對話能力，也能改善人際關係。

大家都認識《哆啦A夢》中的靜香吧。

《哆啦A夢》中登場的人物個性分明，所以在心理學領域常被拿來做比喻，在此，我們拿胖虎、大雄和靜香這三人為例。

首先是胖虎，或許因為時代改變，感覺他的個性最近被調整得更溫和一些，但以前的胖虎非常自私且充滿攻擊性。與他位於光譜極端的人就是大雄，總是畏畏縮縮又被動，只要遇到態度強勢的人就不敢拒絕。

那靜香又是什麼個性的人呢？她會清楚表明自己的意見卻一點也不尖銳，甚至可說她對所有人都很和善。

請試著想像以下情境（以下是基於《哆啦A夢》中的角色應該會如此說話

的想像為基礎撰寫）。

暑假某天，胖虎約大雄去游泳池玩。雖然大雄有事，但因為要拒絕胖虎太麻煩，所以不敢拒絕。雖然內心想著「討厭啦，我不想要去！」但還是一起去了。

胖虎接著帶大雄去邀靜香，但靜香要練小提琴所以不能去。

那麼，如果是你，你會怎麼拒絕呢？

靜香的回答很簡單，但很完美。

靜香聽到胖虎的邀約時，開口第一句話是**「好棒啊，真是個好主意！」**接著在第二句話確實表達出真心話：「但很可惜我要練小提琴所以不能去，下次再來約我喔。」

如果靜香沒說出第一句「好棒啊，真是個好主意！」而直接回答「很可惜我要練小提琴所以不能去」，你認為胖虎會有什麼感受？

他或許會認為「啊，不想要和我去啊。」即使要練小提琴是事實，聽在對方耳裡，也會認為這是用來拒絕的藉口。

而只要一開始先說「好棒啊，真是個好主意！」，對方的反應也會完全不同。因為**先肯定了對方的主張**，進而減少對方感到不愉快、受傷或產生奇怪誤會的風險。

我也常常使用這個方法。

我還年輕時，前輩教師三不五時會說著「今天下班後稍微喝一杯如何？」邀我一起去喝酒，因為工作忙碌，要是去喝酒就會很晚才回到家，所以我真心不想去。但如果拒絕又會被對方說「你是不想和我去喝酒吧。」，我百般煩惱後想到的方法，就是靜香的說話方法。

實際上如何發展呢？當前輩說「今天下班後稍微喝一杯如何？」邀我時，我會立刻回答「喝啤酒嗎？不錯耶！超棒的！」，接著繼續說「但我工作還沒做完啦，等下次有空請再約我。」

如果說完「超棒的！」之後有所停頓，對方會說「那我們走吧」，所以秘訣是不能停頓（笑）。

雖然只是**夾進一句緩衝**，但這對維持良好人際關係相當有用。雖然沒必要和所有人當好朋友，但也沒必要特地為自己增加敵人。

像靜香這樣，先態度肯定地接納對方的發言後才表達自己的主張稱為**「自信溝通」**，胖虎這樣單方面表達自己主張稱為**「攻擊型溝通」**（**Aggressive Communication**），而大雄那樣無法表明自己主張稱為**「被動型溝通」**（**Passive Communication**）。

Assertion 原本是含有日文**「自我主張」**意思的字詞，想要表達自己的主張時，考量自己狀況之外也不能忘記顧慮對方，兩者的平衡相當重要。

自信肯定的說話方法，在朋友關係、職場人際關係、親子關係、前輩晚輩關係等**各種場面都能發揮效果**。

不僅日常對話，希望大家務必在議論時也用用看。舉例來說，當你想提出完全相反的意見時，不耐煩地出言反駁也不可能順利，只會產生情感對立而已。

如果希望對方聽你主張，不先尊重對方的發言可不行。先以**「原來如此，你說得很有道理」**接納對方的意見之後，接著表明自己的意見**「但或許也可以**

**這樣想」**，就能創造出更有建設性的議論。

在討論中無論如何都得要點出許多對方的問題點時，首先要以超越批評的大量讚美誇獎對方，接著再點出問題點，這樣一來對方也容易聽取你的意見。

請務必在日常生活裡意識到這一點並多加練習。

## 讓所有成員變成「當事者」的魔法咒語

透過這次講座大家應該能清楚了解，運用言語是讓人提起幹勁的重要方法。即使表達相同的事情，只要稍微改變用字遣詞或說話順序，就能改變對方的反應，關於言語，我最後一堂課會重新再提一次。

透過這次講座我想傳達的另一點，是**「不可以強硬地試圖讓人動起來」**。

其中也有感覺像在騙人的技巧，但最終目標是讓所有人都能湧現幹勁，以及**變成當事者**。

也就是要創造出為了實現最高階目標，團隊的所有成員自行思考、自發行動的狀況。

這對大人來說也是相當困難的事，因為想成為領導者的人，大抵都有強烈的責任感。而責任感越強的人，越容易給出詳細指示，率先領頭做得比誰都多，為了實現最高階目標而太過努力。

有非常多人深信這才是好的領導者，但並非如此。**如果領導者努力過頭，會讓成員過度依賴領導者**，只會等待領導者下令，而不會自發行動。這樣一來完全無法發揮團隊的力量。

如果想讓依賴傾向強烈的成員變成當事者，就要**給予他實現目標所需的權限與自由，讓他自己思考後行動**。

此時的領導者，**只需要確認成員是否確實朝最高階目標前進即可**，對成員說完「可以自由發揮」之後就要遵守諾言，別胡亂插嘴。

只要成員們的點子往最高階目標前進就可以，要是往反方向去就要明確說

## 將每位成員變成當事者的魔法咒語

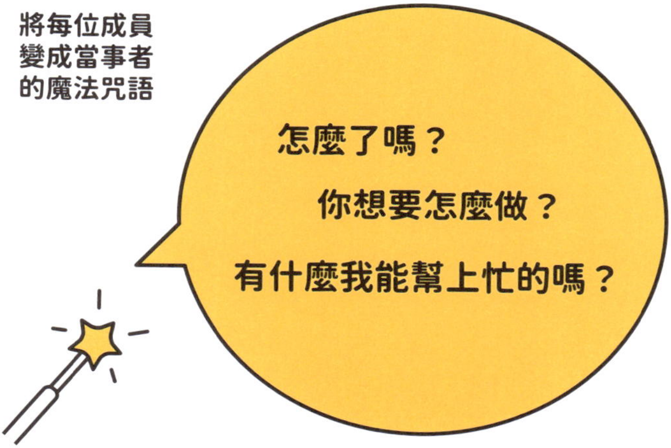
怎麼了嗎？
你想要怎麼做？
有什麼我能幫上忙的嗎？

不，這樣的簡單明瞭相當重要。

什麼都想自己來的領導者，在自己直接參與的事項減少時會坐立不安，不小心就想插手或插嘴。這樣的人在學習活用人才的技術之前，得要先學會信賴他人才行。

那麼，有魔法咒語可以在希望將每位成員變成當事者時使用，最後就讓我來告訴大家。

**怎麼了嗎？**
**你想要怎麼做？**
**有什麼我能幫上忙的嗎？**

請將這三句話成組運用。

假設現在有個學生上課中溜出教室，一般來說，老師發現學生偷溜，應該會單方面命令他「喂，你在幹嘛！快回教室！」吧。

但在我的學校嚴禁老師用命令句，絕對要問「怎麼了嗎？發生什麼事了嗎？」，接著進一步用「你想要怎麼做？」或「有什麼我能幫忙的嗎？」詢問本人的期望。

你應該知道我有什麼意圖了吧，也就是要**請他自己決定**，**自我決定**。

聽學生說話，老師明確表達能做與不能做的事情，以此為基礎盡可能實現學生的期望，只要這樣做就好了。

如果學生說「我不想上課，想到別的教室去」，就讓他這樣做。由他自己思考後決定的事情，他能接受也會產生責任感。

**反覆這類自我決定之後，就能將當事者意識扎根在他心中。**

這和遵從老師命令「你到別的教室去自習！」完全不同，命令只會增加依賴者。

當然也會遇到想給成員建議的場面，也有希望對方重新考慮的時候，這種時候仍舊取決於說話方法。

基本上堅持詢問「你想要怎麼做？」「有什麼需要協助的事情嗎？」讓對方反覆自我決定，這點比什麼都重要。

只要反覆這麼做，團隊會逐漸出現變化，即使領導者什麼也不說，成員也會自己思考、自發行動。

我把這種狀態稱為**「自律」**，團隊會變成**自律者的集團**。

或許會有人擔心「這樣做不會讓團隊四分五裂嗎？」但我已經重複說過很多次，只要擁有共同的目標，就不會有任何問題。

如果你不管到哪都能創造出這樣的團隊，那便是最棒的領導者了呢。

# 第六堂課的重點

得寸進尺法

＝從小要求開頭，

贏得對方同意大要求！

以退為進法

＝讓對方拒絕大要求，

贏得對方同意小要求！

⇒嚴禁惡意使用！

明言主張（尊重對方的同時表明主張）

「真棒，真是個好主意！」

「不錯耶！超棒的！」

第7堂課

# 化解對立的對話方法

LEADER

本堂課的主題，

或許是大家最想知道的事情：

那就是「化解對立的方法」。

出現意見對立是理所當然的，

不需要害怕也不需要傷腦筋。

解決的秘訣是：

別讓狀況走向「〇〇的對立」。

## 會產生意見對立是理所當然的

這堂課，要來談論大家應該非常想知道的主題「化解對立的對話方法」。

我曾在〈第一堂課　人沒那麼輕易聽命行事〉中提到，有許多人嘴上說著領導者是「團結團隊的人」，卻不清楚「團結團隊是怎麼一回事」。反過來想，「不團結的狀態」也就是團隊中出現對立的狀況。

我就任橫濱創英的校長至今兩年，和我之前工作的公立國中相比，這是相當大的組織。包含代課老師在內，教職員高達一百二十人，是個大家族，所以與不理解我想法的人出現對立的次數，也無法與過去比擬。

但我心中早已有所預料，一旦發生對立，我只需要好好面對每一位老師，和他們對話而已。我當然不認為他們能夠馬上接受我的想法，即使沒辦法獲得理解，我也絕不會採取高壓態度說「乖乖聽我的話！」

偶爾還會悠哉想著「要得到這個人的理解，肯定還得花上兩年吧」（笑）。

在此，我想要傳授大家化解對立的方法。與其講道理，透過真實事例讓大家理解更能留下深刻印象，所以我這次準備了三個事例。

請大家邊思考自己會怎麼解決邊讀下去。

## 例① 校慶的表演節目意見分歧！

第一個事例。某個班級要決定校慶要表演什麼。最近受到抖音等社群軟體的影響，非常流行跳舞。這個班級也有許多學生提出想要跳舞的意見，大致的氣氛看起來，大概八成學生想跳舞，剩下的兩成想演話劇。

那麼，如果大家是班長，會怎麼處理呢？

一般來說，感覺會採用多數決決定跳舞呢。

但我已經說過，**不可以用多數決來決定事情**。如果不顧反對意見，用數量的理論強硬決定跳舞，節奏感不好或運動神經不好的人，就會開始擔心自己會不會被嘲笑，或許還會隨便找個理由在校慶當天請假。

明明訂定了要舉辦學生和來賓都能樂在其中的校慶為最高階目標了，卻有部分的學生無法同樂，明顯違反目標。

有辦法找到**不捨棄任何一人的結論**嗎？

一個方案，「音樂劇」如何呢？

每一幕分別安排跳舞橋段以及只有演戲的橋段，不想跳舞也不想演戲的人，可以負責大道具、舞台燈光、劇本、導演等幕後工作，這樣一來，所有人都能做自己想做的事情。

如此這般，只要大家都不輕易妥協地絞盡腦汁思考，就能超越「跳舞 vs. 話劇」的對立，找到所有人都能接受的表演。

## 例② 仲裁三對一的爭執

第二個事例是爭執。同班同學發生爭執很常見，彼此情緒激動無法冷靜談話。偶爾也會有人來找我幫忙仲裁爭執，更正確來說是其中一方跑來找我「你想想辦法說說那傢伙啦」的感覺啦（笑）。

大人的世界也常發生這種事。

站在校長這個立場，不只要仲裁學生之間或教職員之間的爭執，家長會成員之間的紛爭，偶爾甚至還會與夫妻間的紛爭扯上關係。組織內發生對立時，說是最考驗領導者能力的場面也不為過。

要化解對立時，我希望大家知道，領導者的工作基本上**並非作出審判**。

當領導者收到相關諮商時，很容易想要作出確實問出雙方的說法後下客觀判斷的行動，宛如警察般偵訊，如法官般下裁定。

但很遺憾，這種做法**幾乎不可能有好結果**，根據情況，甚至可能出現都特地介入仲裁了卻反而招人怨恨的狀況。

當然得要好好聽雙方的說法，如果有一方明顯違反規定，身為領導者也該加以警告才行。

但實際發生對立時，幾乎都是無法判定哪方正確、哪方錯誤的狀況。

這是個實際發生的事例，某次在學校裡，國一學生三對一發生了爭執。聽他們所說，原因似乎出在一人那方上面，但他也並非脫離社會規範，所以我判斷我沒辦法站在三人這一邊。

在此希望大家記住，發生情感對立時，人類會想要增加支持自己的人，因為有「越多人支持我就能獲勝」的想法。所以如果我支持三人這方，某種意義上，我也陷入了多數派的陷阱當中，**仲裁者基本上要嚴守中立立場**。

那麼我怎麼做呢？我把發生爭執的學生全找來校長室，對他們這樣說：

「你們現在是三對一，三個人的這邊有優勢，一個人的你很不利。如果放任不管，你們會從三個人變四個人，四個人又變五個人，人數會不斷增加。而一個人的你大概一直都只是一個人，可能會讓狀況不停惡化。

我很希望你們能自己解決這件事，但如果狀況惡化也會讓我傷腦筋，所以我想要介入，現在請讓我問一個問題。

你們接下來還要在這間學校相處五年以上，你們今後也想要維持這樣互相仇視的關係嗎？」

他們所有人都露出沉思的表情後回答「不想要那樣」。

仲裁者的工作在此幾乎結束了，我接著說：

「喔喔，這樣啊，所以你們已經有所共識，明天之後不想繼續維持這樣的關係。但我看你們現在的樣子，感覺明天、後天還會是相同的狀況耶。聽好囉，我沒辦法給出阻止你們吵架的答案，因為答案就在你們的心中。你們已經有共識，希望可以停止這個爭執，從明天起過著和平的生活，所以試著彼此討論解決方法來達成目的吧。如果還是不行，就再來找我。」

大家已經看出這種仲裁方法的重點在哪了吧，**仲裁者頂多只是引導當事者們自己決定**，且誘導的方法並非引導結論的方向，而是**明確點出雙方可以有所共識的事情**。

## 例③　耗時三年的制服換新計畫

第三個事例，是我上一個任職學校麴町中學更換制服時的事情。這個事例有點長，但應該能更加理解，超越了各種對立才作出決定的過程實際上是怎麼一回事。

在我就任這間學校的校長前，這是一間以嚴厲校規管理學生聞名的學校。舉例來說，每週一次的朝會時，甚至會讓女同學跪在地上確認裙襬會不會碰地，連髮型也有非常多詳細規定。聽說還有明明是學校指定款的毛衣卻不能穿著上課等等，這類明顯已經喪失目的的規則。

這類規則，在我就任校長之後耗費四年時間全部廢除了。我所做的基本上只有把決定校規的權限，交付在學生及家長手上，因為校規原本就是為了保護學生的自由與幸福而存在。

當人聽到「你們可以自己決定」時，一開始會感到很開心，但實際上**拿到**

**決定權後，幾乎所有人都會不知所措**。因為意見過於分歧，事情完全無法進行。自己沒有決定權時，「這間學校也太嚴格」、「老師們有夠不諳世事」等等，想怎麼抱怨就能怎麼抱怨，但當要學生們自己決定時，才會發現事情並無法那麼簡單就作出決定。

舉例來說，試著來思考手機的使用規則吧。

手機對我來說，是可以隨手拿起來查資料、拍照、錄音、代替筆記的東西，所以我認為上課中自由運用也沒有關係，但也有老師不這麼認為。

就連老師們的見解也各有不同了，家長更是千奇百怪。有人說「我家的孩子沒手機不行，請讓他可以自由使用」，也有人說「我們家不讓小孩拿手機，所以如果學校讓學生自由使用手機會讓我的小孩格格不入，請全面禁止」。

就像這樣，對立會在各種場面中發生。

就在此時，家長會以及學生會提出更換制服的提議。

要不要換制服，如果要換，要選擇怎樣的設計？設定怎樣的價格？制服相關的校規該怎麼處理？而且話說回來，要用怎樣的程序進行檢討呢？在哪個時限前得決定好哪些事項呢？

以上相關的問題，全部交給學生與家長決定。

光聽說明，就覺得這是個大難題呢。

首先計畫規模龐大，想更換學校制服，得先經過重重步驟，所以這是得花上兩、三年的計畫。所以學生與家長不是為了自己，而是為了幾年後才要入學的學弟妹們推動這項計畫。

所以我對他們說：「或許你們沒有機會穿上新制服，但如果是為了學校的未來著想而做這件事情，我當然同意。」

這項計畫的第一個行動，是成立名為「制服檢討委員會」的專案小組。分別組織由家長組成的檢討委員會，以及由學生組成的檢討委員會，以雙方委員反覆開會討論的形式推動計畫。

更換制服需要花費大筆金錢，所以不能只交給學生，決定最初的大方向、詢問專門業者等高層次的工作由家長組成的檢討委員會來負責。

家長組成的檢討委員會第一次開會時我也列席了，當時我發現一件事，特地加入制服檢討委員會的人，有「想要換成這種制服」的強烈堅持。

這個人喜歡水手服，那個人喜歡立領制服，那個人喜歡西裝外套，這個人贊成穿便服。就像這樣，制服這東西屬於感性的問題，講白了就是喜好問題，所以更容易出現對立。

在此，我對檢討委員會提出一個重要要求。

「要選擇怎樣的結論，我全權交給大家。只不過，請務必找出所有人都贊同的結論，不可以捨棄任何人。所以不可以透過多數決或問卷等用數量的多寡來決定的方式。」

這是我平常對學生說的話，大家也多少可以理解，但仔細想想，「所有人都贊同的制服」的定義稍顯含糊，每個人都能作出不同的解釋。

所以我在此又提出兩個具體的條件。

- 在「機能面」上獲得所有人贊同的制服＝對所有學生友善的制服
- 在「經濟面」上獲得所有人贊同的制服＝對所有家長友善的制服

我請大家以滿足這兩個條件為最優先進行檢討，換個說法就是，「設計方面」的問題可以全部擺到後面也沒關係。

我將「設計方面」的優先度降低的理由是，如果想要大家在「設計方面」達到所有人皆贊同的目標，只有「自由（便服）」這個手段有辦法達成。當然選擇「自由」也沒問題，但如此一來便會喪失「檢討制服」這行為的意義。

「機能面」是這麼回事。

舉例來說，立領制服的領口有羅馬領，我學生時代穿立領制服所以很清楚，對脖子比較粗的學生，或是正值成長期制服變小的學生來說，羅馬領非常不舒服。如果肌膚比較敏感，脖子會因為羅馬領摩擦起疹子。還有學生因此無法專心上課，所以從機能上來看，不能說所有人皆贊同。

另外，當然也會有學生不想因為性別理由穿裙子，或者也有因宗教因素得圍上希賈布這種頭巾。我絕對想避免這些孩子因為學校決定的制服或校規而不自在，所以強烈請求。

「經濟面」應該容易理解。

雖然也因學校而有所不同，但制服比大家想像的昂貴。基本上只能少量生產，業者為避免虧損也不得不提升價錢。

而且制服還不能只買一套，夏季制服、冬季制服、替換的長褲、運動服、書包、第二書包等等，指定品項越多，越會增加家長的經濟壓力。

而且說起來，像這次要更換制服，等於沒辦法承接學長姐的舊制服。所以我拜託大家，要換新也沒有關係，但請盡可能別花太多錢。

當大家在最高階目標達成共識之後，家長組成的檢討委員會開始進行各項研究，調查ＬＧＢＴＱ等性別少數族群、宗教、過敏以及壓低成本等事項，接著向學生報告結果。接著到某個階段，果然出現這種提議了。

如果想找到機能與經濟兼顧的制服，那乾脆穿便服不就好了嗎？

確實是如此呢，便服既可以選擇對自己最舒適的衣服，家長也不需要特地買制服。

檢討委員會在此進一步討論，最後決定「設定一段穿便服上學的時間來測試」，最後決定從六月到七月約一個月的時間，讓學生可以穿便服來上學。

這個測試大受好評，如果教室冷氣不涼，穿襯衫會感到相當悶熱，但穿便服就能換上T恤和短褲，可以過得很舒適。反之討厭冷氣的小孩，也能穿上針織衫來調整。家長也不用每天燙衣服，輕薄的衣服也不傷荷包。

因為像這樣大受好評，乾脆換成便服的聲量也越來越大，但檢討委員會最終沒有作出結論，決定要在冬天時再進行一次測試。

接下來設定從十一月到十二月，讓學生可以穿便服上學。

結果和夏天相反，出現了非常多不滿的聲音。

剛開始第一週，大家都很新鮮地穿便服來上學，但在那之後，穿制服上學的學生逐漸增多。

最大的不滿出現在家長的經濟面上，在多層次穿搭的冬天，小孩比起以往更加意識起便服的穿搭，央求父母買新衣服的小孩也變多了。

不僅如此，學生們也提出「思考要穿什麼好麻煩」的意見，T恤搭短褲時穿什麼都沒有太大的差異，但秋冬服裝如果每天都是相同的打扮會很顯眼，也表露出自己的服裝品味。還有孩子被同學說「你的衣服也太土了吧」而沮喪。

但因為做了這些測試，檢討委員會終於看清楚該往哪個方向前進了。

首先，有人會因為沒了制服而傷腦筋，所以有制服比較好。同時，因為有一到兩成的學生自始至終享受便服樂趣，所以也該認同可以穿便服上學。

最後，麴町中學轉變為可以穿便服上學的學校了。但為了想要穿制服上學的學生與家庭，也決定要做新的制服。

雖然這樣說，夏天時幾乎所有學生都穿便服上學，所以決定不做夏季制服，只做全年都可以穿的制服。第二書包等等的物品，用個人原有的即足以應付，所以也進一步廢除。

關於LGBTQ考量方面，也提出了要做符合女生尺寸的長褲的方案，但除了價格昂貴之外，既然都已經可以穿便服上學，當然可以上半身穿制服，下半身穿便服，最後就沒有再另外做褲子了。

制服在畢業之後沒辦法繼續穿也很浪費，所以決定選擇素色的西裝外套。在此，學生們舉辦設計大賽從中選出新的校徽徽章，然後把這個徽章貼在上面就能變身成制服。

西裝外套的布料，選用與東京奧運日本國家代表隊團服相同的布料，是利用日本環境設計這家公司開發的技術製成，百分之百回收材質的布料。

大家讀到這邊應該發現了，因為把比設計更重要的目的訂於上階目標，在容易發生對立的設計方面也能在所有人皆贊同的情況下解決。

這個案例就寫到這邊，但實際上花費了三年的時間。

聽到「公立國中開放穿便服上學」時，幾乎所有人都會說「真不愧是改革派的工藤校長，作出這樣英明的決定，真是果斷呢。」，但我只有在最初決定好最高階目標而已，幾乎沒參與其他具體的討論。

這是學生與家長們**以「所有人皆贊同」為中心主旨，耐心地不停對話的結**

**果**，才作出開放穿便服上學的決定。

## 「所有人皆贊同」且「不捨棄任何人」地解決

看完這次提到的案例，或許有人認為「什麼嘛，不就跟〈第三堂課　失敗的原因在於「建立目標的方法」〉講一樣的事情嘛。」沒錯，正是如此。

我認為對立大致可分為三類，**「情感」對立**、**「想法」對立**以及**「利害」對立**。其中真的該解決的是「利害」對立，而非「情感」對立。

但人類很容易流於情緒，而且一旦發生「情感」對立，就會**變得非常難以解決**。如果有一方放任自己情緒化地說出攻擊對方人格的話，會陷入難以收拾的狀況，也沒辦法冷靜地重新考慮自己的想法。

只要能聚焦在「利害」對立上面，就能思考「採取A方案會傷及誰的利益，那B方案又如何呢」，如此一來，就能進一步對話商討出，能否以不傷及任何人利益的C方案達成共識。

**超越對立建立關係＝公共關係**

**將「情感對立」切割開，只關注「利害對立」後，就不難做出「共識」**

要舉辦校慶，就思考什麼企劃能讓所有人樂在其中。如果是爭執，就站在高爭執者一等的層次給建議，讓他們找到「想從明天開始過著和平的生活」等共同目的。如果檢討更換新制服，就要明確找出最該優先討論的主軸。

總結，領導者在化解對立時應該採取的行動，**首先是聚焦在「利害」對立上面，找出彼此共同的目的讓雙方達成共識**。只要能做到這點，接下來就沒什麼困難了。彼此身為當事者控制「情感」，應該就能為了實現共同的目的改變自己的「想法」。

請讓我再次重申，所有人皆贊同的狀態，就是**不能捨棄任何一個人**。如果一百個人中，有九十九人贊成一個人反對，領導者就該思考該怎麼樣讓這一個人同意。

這絕不簡單，即使大人也沒人能完美做到這點，但我希望大家隨時要把這最理想的形式放在心上。

順帶一提，像我這次介紹的這些，跨越對立建立關係的過程稱為**「公共關係」（Public relations）**。

公共關係簡稱為ＰＲ，在日本社會一般取「公關」的意思使用。但ＰＲ原本的意思是**「建立良好關係的共識形式」**，這是要解決對立關係的最重要技能。

日本社會之所以**遲遲無法脫離試圖用「心之教育」來解決對立的文化**，我認為日文中沒有與ＰＲ相對應的詞彙是其中一個原因。而且非常遺憾的，這也讓我擔心日本會因此跟不上國際社會。

希望ＰＲ的思考方式與「公共關係」這句話能確實在教育的世界中扎根。

## 第七堂課的重點

對立可以分成三種類來思考：

情感對立

想法對立

利害對立⇐真正非解決不可的是這一項！

將相關人員轉變為化解對立的「當事者」。

在此也要遵守原則：

「所有人皆贊同！」

「不捨棄任何一個人！」

第 8 堂 課

# 該如何選擇感動人心的話語

LEADER

無法精準傳達想說的話是天經地義的，

但還是希望對方能夠理解！

這份試圖傳達好想法的努力實在值得讚許。

但是，你還欠缺了非常重要的事情。

## 無法傳達出自己的真心是對方的錯？

終於到最後一堂課了。我已經提過很多次，「人理所當然不會聽命行事」、「無法精準傳達想說的話是天經地義」。

這堂課，我要針對「無法精準傳達想說的話是天經地義」這件事深入探究，該如何才能傳達出對方遲遲無法理解的話，這也完全是**「技術」的領域**。

明明非常努力說明，對方卻無法理解話中真意，大多人容易怪罪對方「為什麼那傢伙不懂」，但**就算把錯怪罪在對方身上，也幾乎無法讓事態有所好轉**。

比方說，假設班長在大家面前對在上課中搗亂的A同學說「安靜一點！」

A同學大概也不會因此乖乖聽話，他或許會暫時安靜下來，但下一堂課又繼續搗亂，所以根本沒有解決問題。

不僅如此，班長和A同學之間還會產生情感對立，在那之後，A同學可能會處處妨礙班長的所作所為。

班長自己無法應付，就會去找老師告狀：「A同學太過分了，不管我警告他多少次，他都不願意乖乖聽話。拜託老師想想辦法啦！」這種場面很常見呢。

請試著想像此時班長腦海中有什麼想法。

大概覺得「我身為班長，已經做好我該做的事情了。」即使如此仍無法順利解決，所以才會找老師告狀。大概會認為「全都是A同學的錯」吧。

確實不是每個人都敢開口制止同學搗亂，多數人的心聲是不想扯上麻煩。這種情況下，因為身為班長的責任感與正義感而採取行動，是相當值得讚揚的行為。

但很遺憾，這不能稱為「優秀的領導者」，想要成為好的領導者，還需要進一步提升層級。

提升層級的第一步，要先有「無法完整表達自己的心意，不是因為對方無法理解，**問題是出在表達方法不好的自己身上。**」的想法。

能做到這點之後，下一個步驟要思考戰略**「該怎麼做才能完整表達」**。

那麼，我們接下來思考戰略吧。

大家想要知道的，或許是邏輯性整理思緒的方法，利用簡報讓自己更會說話的方法。

想要架構出優質的內容，需要程度相符的知識與經驗，但只要花費足夠的勞力與時間，無論是誰遲早都能做到。市面上也有許多撰寫了好方法的書籍，還請往那個方向尋找。

大多數的人容易有**「只要能有邏輯地表達出想法，不管面對怎樣的對象都能讓對方理解」**的想法，接著在這點努力。

這份努力當然很棒，也有努力的價值，但這樣一來就只停留在**自以為是想法的範疇**中。

言語，是將自己的想法與心意傳遞到對方大腦中的重要「手段」，但即使你將想法整理得再怎樣有條有理，或是製作出精良的簡報資料，也不見得能讓對方理解你想說的話。

而非常遺憾的是，不管如何優秀的好話，只要無法打動對方的心便毫無意義，**言語是在對方理解意義後才有價值**。

假設大家在某個團體面前演講，即使你認為自己說了一番精彩的言論，但聽眾中有人可能會有以下的想法：

「這傢伙得意忘形地說個沒完，有夠令人火大的耶……」

「啊啊，這個人真無聊，今天晚餐要吃什麼好呢……」

「話說回來，我很討厭這個人耶，根本不想聽……」

如果聽者有這類感想，老實說會很沮喪。但身為領導者，也絕不能忽視這類人的存在。

## 珍惜對自己沒有好感的人

受到新冠肺炎疫情影響，現在全國各地都能透過線上舉辦演講，我光二〇二一年這一年，就有超過一百場的演講，平均三天一場演講。

聽者超過千人的場次屢見不鮮，到了這種規模，我也無法掌握有怎樣的人聽我演講。站在舞台上受到聚光燈影響，很難看清聽眾的臉，但追根究柢，我也無法掌握「是有怎樣背景的人」、「為什麼要來聽我演講」等聽眾的立場。

線上舉辦時又更加一無所知，當我接受採訪或是寫書，在我對外發訊時，我也不清楚閱讀這些內容的是怎樣的人。

我在這種時候都會意識一件事情，那就是**「向對自己沒有好感的人說話」**。

我總是將聽者分為三群思考，第一群是對我有好感的人，第二群是相反對我沒有好感的人，以及第三群是不屬於任一方的中立者。

對人沒好感的起因有很多，嫉妒、誤解、價值觀不同、利害關係對立、或者只是單純生理上無法接受等等，首先最重要的是得接納這件事。

我認為是否為優秀領導者的分水嶺，在於接納這件事之後，**如何打動沒有好感的人的心**。

向對自己有好感的人表達出自己的想法很簡單，只要直接說出心中想法，對方也會努力嘗試理解自己說出口的話，所以大多都能順利傳達出去。

但在心思各異的人齊聚時這麼做，就會有人完全無法理解自己說出口的話。

或許聽起來有點誇張，我在人前說話的終極目標，追根究柢起來是希望能創造出民主社會，我也是為此才進行校園改革。

所以我最希望打動的人，不是已經贊同我理念的人，反而是**反對我想法的那些人，這些人是我一定得好好珍惜的人**。

具體事例容我稍後講述，說話想打動沒好感的人，只有一個原則就是**「別創造出對立關係」**。

雙方已經存在潛在的對立關係了，如果又因為說出口的話加深對立，只會將共識越推越遠。

為了避免這件事，就需要**採用不會忤逆對方情感的字詞**。

大家今後應該也會有在許多人面前說話的機會，到時請意識著「這裡面絕對有對我沒好感的人，我要打動這些人的心」來說話。

## 隨時意識「遣辭用句以及排列組合」

借用前ＮＨＫ主播田中浩史先生的話，「完整表達出話語的狀態」就是**「聽者的心為之動搖的狀態」**。大家說出口的話進入對方耳中，對方在腦袋中確實理解這段話，接著影響他之後的想法。類似這樣的感覺。

聽起來感覺好困難喔。

更別說要打動對自己沒好感的人的心了，會讓人感覺困難至極。

在此，我要告訴大家我平常隨時意識的兩件事。

第一件事**「找出打動人心的話語」**，另一件事**「用怎樣的順序說出找到的話語」**，我將此稱為**「遣辭用句以及排列組合」**。

第一個重點「遣辭用句」。

想找出能打動對自己沒好感、討厭自己的人的話語、標語以及故事並非易事。

首先，需要先明白這些人為什麼討厭自己。

盡可能去想像他們是怎樣立場的人，擁有怎樣的經驗，在怎樣的背景中出現了怎樣的想法。

當然，這類的想像力也無法一朝一夕練就出來。

鴻上尚史先生是我很喜歡的劇作家，同時也身為導演，他在製作《學校到底是什麼！為什麼日本的教育令人窒息》（暫譯）這本對談書籍時找上我，和我一起做書，或許因為工作性質緣故，他非常擅長這件事。

鴻上先生將這個能力稱為**「同理心」（Empathy）**，並傳授給我，可以直譯成**「感同身受的力量」**。

有句話說「己所不欲勿施於人」，但這世上有不同的文化、不同的價值觀，己所不欲之事不見得是對方不欲之事，己所欲之事也不見得是對方想要的。

在此鴻上先生認為，為了要活在多樣性的社會中，不是從自己的立場，而是**從對方的立場思考事情的能力**才真正重要。這就是他得到同理能力的理由。

我也完全認同，我認為要成為優秀的領導者，這正是最重要的能力。

Point 1
尋找打動人心的「話語」
Point 2
思考話語的排列組合！

傳達話語的兩個重點

如果能提升這項能力，自然而然能找到打動人心的話。

第二個重點「排列組合」。

不管你選出多棒的話語，都會因為**「在哪個時間點說出這句話」**而改變對方解釋的方法。

在演講場合，為了要將你的話傳達給在場對你完全沒興趣或不喜歡你的人，最重要的是開頭五分鐘。

這是因為，如果他的心在開頭五分鐘已經疏離，無論你在之後準備了多精采的內容，他可能早已無心聽你演講。

讓我在此舉個生活中發生的事情為例。

假設你現在違背了和朋友的約定，即使

有不得不的苦衷，若你還想繼續和對方當朋友，你就得針對此事誠心道歉才行。

此時，開頭第一句話該說什麼呢？

你應該明白吧，就是道歉。「對不起，我失約了。」「造成你的困擾真的很對不起。」「對不起，讓你感到不開心了。」**首先得先好好道歉**。接下來再說明「其實因為有這樣的理由我才沒辦法赴約，我沒有惡意。」就好了。

但有些人在這種時候會開頭就先說理由，拚了命地強調自己沒有錯。即使這樣做，那位朋友大概也只有「什麼嘛，滿嘴藉口。」的想法吧。即使在那之後聽到「對不起」等道歉的語句，或許也會解釋成「反正不是真心的，反正他一定會再犯。」

我在〈第六堂課　活用人才的技術〉中介紹過的，靜香的自信溝通正是說話順序的例子。

靜香最終想表達的是「我要練小提琴所以不能一起去游泳」，但她沒有劈頭就說這句，而是刻意先誇獎對方的提議，因而可以避免打壞對方的心情。

就像這樣，只是將道歉與說明狀況的順序對調，**即使說出口的話一模一樣，也會帶給對方完全不同的印象**。

說話順序看上去只有些微差異，卻會帶來如此巨大的影響。

## 第一份讓我說出「這樣就可以了」的完美講稿

針對言語的重要性說明至此，但最好的方法還是**從實際的絕妙演說中學習**，我在此準備了兩則很棒的演講內容。

第一個要介紹的是，在我擔任麴町中學校長期間，學生會長荒川聰太郎同學實際上在畢業典禮發表的簡報。

麴町中學的畢業典禮上，沒有常見的送辭及答辭，而是由學生戴上耳麥，在大型布幕上用投影片進行簡報。

講稿基本上由我事前確認，在遣辭用句以及排列組合上給出建議，但當時荒川同學的講稿相當完美，是**我教師生涯中第一份說出「這樣就可以了」的講稿**。

接下來讓我介紹這份講稿，請大家閱讀這篇講稿時務必意識以下這件事。

假設大家現在是聽這份簡報的在校生，哪些詞語會打動你的心呢？如果他在言詞排序上下過功夫，你認為是哪一部分呢？

稍縱即逝的三年，漫長的三年。我想，每個人對這三年都有不同的想法。今天回顧我們的這三年，我想說兩件事。

第一件事是尊重。尊重哪個人的想法，尊重哪個人的挑戰，以及尊重個性。我想在這間學校裡聽過好幾次這句話。

像這樣看著每一個人，讓我感覺，我們這年級（三年級）真的有許多很有事的人呢。午餐時間，明明大家都很安靜用餐，卻獨自捧腹大笑，活力充沛的D班女生。雖然平常不怎麼認真，但只要在人前拿起麥克風，就能跟機關槍一樣滔滔不絕說話的C班男生。平常都給人搗亂印象，但在運動會時以啦啦隊隊長身分炒熱氣氛的D班男生。我們這年級富含各種不同的個性。

在這之中有位個性特別強烈，非常喜歡問問題的男孩，我今天想要說說他的故事，接下來要說的內容已經得到本人和家長的同意。

此時會場一陣喧嘩，這位「喜歡問問題的男孩」非常特別，是所謂不會看氣氛的人。常常帶給身邊人困擾，我想在他剛入學那時，應該受到非常多同學的厭惡。因為要講這男孩的話題，以三年級學生為中心，引起一陣騷動。

這個男孩很擅長社會科，常常看見他與老師或朋友談論歷史、地理的畫面。在集會以及演講時，也常見他舉手高喊「我！我！」地提問題。偶爾也會提出讓講者相當傷腦筋的問題，所以我一年級時相當困惑，也用看待怪咖的眼神看他，心裡想著「為什麼要問那種問題啦。」

這個學生社會科相當優異，換算成偏差值大約有八十，也曾拿過全國第一名。他對其他科目沒有太大的興趣，但社會科卻是鶴立雞群，甚至會提出連老師都不知該如何回答的高程度問題。也因此常常中斷課程。

但如果他在這個瞬間舉手發問，我想我們這年級也不會有人責備他。這是因為我們都很了解他，了解他擅長和不擅長的事。而且第一個舉手發問需要很大的勇氣，發問前得要先深思熟慮，而我們都知道他兼具這兩點。另外，也有人會因為他天外飛來一筆的提問發現其他事情或加深思考。所以我們很尊重他。

從內容應該能想像，他們一年級時，常常因為這個學生發生衝突。但升上二年級之後，他本人和身邊人的想法也確實逐漸改變，即使這孩子又做出無厘頭的事情，大家也漸漸變得可以一笑置之。學生會長正在表達這件事情。

我們這年級「尊重哪個人」的氛圍，我也實際上親身體認過。那是我剛當上學生會長時，生平頭一遭接下學生會長這份重責大任，所以有非常多擔憂。一開始最擔心的是身邊人的目光，朝會在大家面前說話時，老是想著大家不知道怎麼想我，很在意大家的反應。學校活動或學生會的活動時也是，總是在意著周遭的人怎麼看待我。我覺得惹人注目不是件好事，總覺得會棒打出頭鳥。

但我錯了。朝會時我能開心地在大家面前說話，學校活動時也能不在意他人眼光自由行動。這是因為，我們這學年沒有人會做出那種事。

我們這學年有著當誰在人前發表或從事什麼活動時，其他人會在旁幫忙的氛圍，所以我這一年才能開心地做學生會長的工作。我在某天發現，只要試著不因為個性或是想法而否定某個人，反倒是尊重並支持他；只要能做到這件事，學校就能成為很舒服的地方。沒有人扯後腿，可以互相砥礪、共同成長的環境。

這是第一件事，接下來開始說第二件事。

第二件事是目標。麴町中學的每個活動都有目標，而我們會藉由準備及練習來接近這個目標。

這在講述麴町中學最具象徵性的概念：最高階目標。

特別對我們三年級來說，我們在最後一次運動會上強烈意識著目標。運動會的目標是「所有人都能樂在其中的運動會」，不管擅長運動還是不擅長運動的人都能樂在其中，這目標很困難，我們也為此做了許多挑戰。

順帶一提，麴町中學先前的運動會上，全體三年級學生一起跑接力賽是運動會的傳統項目。但這一代的學生會長廢除了全體接力賽的項目，他也寫出了作出這個結論的心路歷程。

學生會們自己也百般煩惱，最後決定實施三年級學生問卷調查。對所有人進行「你贊成舉辦全體接力賽嗎？還是反對呢？」的問卷調查，如果有百分之百的人贊成，我們就會照常舉辦，但結果並非如此。有百分之十、約十五個人反對。學生會們看見這個結果後又煩惱了，百分之九十贊成，百分之十反對，如果是多數決，這是贊成方壓倒性的勝利。但煩惱、討論後的結果，我們最後作出取消全體接力賽的結論。

這是為了實現我們的目標：「所有人都能樂在其中的運動會」，所以我們決定不能靠多數決來決定。運動會當天雖然也發生突發狀況，但對我來說，那是至今最棒的一場運動會，大家認為怎麼樣呢？

在每次活動及其他各項事情中找到目標，藉此就能看見自己該做的事情。

我在麴町中學的三年裡學會了這件事。

目標也是一個路標，得朝這個路標前進才行，如同全體接力賽一樣，沒辦法凡事都稱心如意。但只要抵達這個目標，我們就能品嘗至高無上的歡樂以及成就感，這就是決定目標真正的意義。

各位一、二年級的學弟妹，我剛剛自吹自擂我們這學年一番，但我特別想告訴大家的第一件事是「尊重」，我認為，「尊重」是享受校園生活的一個小訣竅。說誰的壞話或捉弄誰而感到的快樂並非真正的快樂；可以互相尊重，自由自在的校園生活才是真正的快樂。雖然我才年長大家一、兩歲，但身為學長，我想要告訴大家這件事。接下來，就讓我們在各自的舞臺上努力吧。

各位老師，謝謝老師們三年來的照顧。

除了學業之外，因為有老師們在各方面協助我們，我們今天才能帶著舒暢的心情畢業。還有每天煮飯給我們吃的各位職員、主任、行政人員，以及其他與學校事務相關的所有人員，謝謝大家三年來的照顧。

在這個地區的各位，謝謝大家在各種不同的場所守護著我們。今後還請繼續照顧我們的學弟妹。

以及各位家長，為了我那些害羞得不敢開口道謝的同學們，請讓我代表全體學生向所有家長致上謝意。

謝謝你們這十五年來，總是在我們身旁支持我們，沒有各位的支持，我們不可能站在這裡。雖然今後不知道會發生什麼事情，但還是要繼續麻煩你們了。

最後給所有三年級學生，到今天為止的這三年間，對我來說都充滿了回憶。充滿歡笑的三年，偶爾有些淚水的三年。這段期間真的非常感謝你們每一個人。

真的非常感謝各位，接下來，後會有期了。

## 「抓住」對自己不感興趣的人

好的，我第一次看這份講稿時忍不住為之喝采，是因為他在寫講稿時，確實把很可能對他的演講毫無興趣的一、二年級擺在心上。

對一、二年級來說，老實說畢業典禮根本不關他們的事，其中也有人想著「畢業典禮可不可以早點結束啊」。像這些毫無熱情的孩子，打從一開始就對三年級學生會長的演講不抱任何期待。

這情況或許也能在許多公立國中看到，麴町中學的一年級新生幾乎每年都很亂七八糟。霸凌、胡鬧、破壞公物、上課中離開教室等等，一年比一年誇張。

但在這間學校，隨著年紀增長，學生的狀況也會出現一百八十度大轉變。去看一年級和三年級的教室，氣氛天壤之別甚至讓人以為來到不同學校，就是如此巨大的成長。

可以深刻感受到，荒川同學抱著想要告訴一、二年級學生「這間學校是能讓人如此成長的學校」而寫下這份講稿。

舉例來說，講稿開頭使用了當時流行的「很有事」來惹笑大家也是他特別下的功夫，如果從頭到尾都用嚴肅的調調，只會讓一、二年級昏昏欲睡而已。為了緩解會場整體的緊張感，**開頭加入稍微搞笑的段子**是不動如山的演講技術。

他接下來列舉很有事的範例時，也逐一在大螢幕上放上這些學生的有趣照片，如此一來，即使不是直接認識這些學長姐們，也會稍微笑出來呢。而且聽見三年級學生捧腹大笑，受到他們的影響也會出現「啊啊，我們這年級也有這種人耶」的感想。

從整體演講來看，這個開頭就是所謂**「抓住人心」**的部分，雖然常見於搞笑用語中，但也是大家平常會使用的話。這是一開始抓住會場所有人心的行為。抓住人心的手段，要搞笑或是出人意表都可以。創造讓會場所有人**專注在臺上演講的小機關**，如果沒這步驟，不管滔滔不絕說些什麼，也無法讓早已不理睬你的人轉過頭來看你。

接著進入正題，而他最先提及「喜歡提問的男生」這個相當特別的人物來講述三年級學生們的成長。這是個能打動萬人之心，非常棒的小故事。被許多人討厭的學生，在短短一年多的時間就改變了和大家的相處方式，而且還不是這個學生改變了而讓大家對待他的方式有所改變，而是周遭的人也在接受真實無偽的他之後逐漸產生改變，讓人深感震撼呢。

學生會長說完這個故事之後也提及了他自己的事，這是他幾經思考，該用怎樣的順序說出哪些事情才能讓大家聽他說話，是相當出色的編排。

## 打動聽眾的冠軍演講

我接下來要介紹大學生的演講。這是以增加活躍於國際的女性為宗旨活動的一般社團法人GWA（Global Women's Association）所主辦的「女學生『夢想』演講比賽」二〇一七年第七屆大賽全國冠軍，木島唯同學（當時為聖心女子大學四年級）的演講。

我會把演講內容的全文寫出來，而關東預賽時的演講內容也公開在YouTube上面，請大家務必去看看。不到六分鐘，內容不長，看了影片之後可以更加瞭解她為什麼能獲得冠軍。

和麴町中學學生會長荒川同學的演講相同，請邊思考她在遣辭用句及排列組合上下了怎樣的功夫，為什麼能打動人心邊讀文章。

大家好，我是聖心女子大學四年級的木島唯。我在最後「大軸」登場，但接在眾多精采的演講之後，其實我現在胃有點痛，如果大家能對我露出佛祖般的笑容的話，能替我壯膽不少，還請大家幫忙。

那麼，在今天的演講開始之前，我要先說我接下來會說很多我母親的故事，甚至可能讓大家懷疑我有點戀母情結。

我的母親是一位已經去過五十九個國家旅行，不管到哪個國家都能真的和當地人迅速打好關係後回國的人。深受對方的家人喜愛，還會邀請她到家裡做客等等的，我真心認為她真的是一位能自行創造出超強旅遊能力的天才。

但我認為母親的外語能力與一般人差不多，也並非擁有什麼優異的能力，也許行動力十足，但就是個普通人。只有一點不同，她每到一個國家，絕對都會用該國的語言學會「好吃」這句話，對所有端上桌的食物開心稱讚「好吃、好吃」。

接下來要說的故事又跟剛剛有點不同，我小六時為了畢業研究，去調查了山谷那一帶的街友。當時請認識的神父帶我去山谷的街友居住的，所謂藍色防水布帳篷那邊去，僅僅一天就結束田野調查了，但我的母親表情嚴肅地對我說「這樣一來，妳只是在利用那些叔叔們而已」。在那之後，她每個月都會帶我去拜訪山谷的街友叔叔們一次。

山谷位於東京淺草北側，是聚集許多居無定所，打零工維生者的區域。隨著高齡化，已經沒有過去「勞動者之都」的感覺，但現在仍有百間左右被稱為簡易住宿所的住宿設施。

有工作的人可以住這種地方，但付不出住宿費、以及露宿街頭也無所謂的人，就會拿藍色防水布在公園裡弄出小屋來住。

當時母親帶著我和尚年幼的妹妹去了好一段時間，叔叔們漸漸對我們敞開心胸，偶爾還會邀請我們進帳篷裡玩，可能會讓大家嚇一跳的是，叔叔們有時還會親自做飯招待我們。

還會讓大家再嚇一大跳，是我的母親對此完全不為所動，邊說著「好好吃喔」邊吃，我和妹妹也因此毫不猶豫地和母親同樣邊說著好吃邊享用。他們看見我妹妹昏昏欲睡時，對我妹妹說「如果妳不介意，可以在叔叔的床上睡一下喔。」我的母親對此又說著「可以嗎？」，於是我的妹妹就在那有點昏暗，或許還有塵蟎的床鋪上酣眠。

被這樣的母親養大的我，以及我們姊妹加上我弟的三姊弟，曾有機會到柬埔寨及菲律賓旅行。在那邊，即使碰到街頭上的孩子們開心地跑過來對我們勾肩說「一起玩吧！」，即使他們用滿是泥土的手從口袋中拿出沒有包裝紙的糖果給我們「拿去，給你們吃！」，我和妹妹也會毫不動搖地開心道謝後吃下肚，在母親的教養下，我們三姊弟成長為相當堅強的孩子。

而我這位母親，曾對我千叮萬囑過一句話：「吃了不乾淨的東西，吃壞肚子也只有一下下；但因拒絕而受傷的心，會留下一輩子傷痛。」又說著「人類不會因為這一點小事情出問題，死不了、死不了啦。」鼓舞著我，我認真覺得母親的度量是世界第一呢。

請讓我把話題拉回活躍國際的女性上，在我心中對活躍國際的女性的印象，是真正接納人與人的差異，跨足世界的女性。但感覺那樣的人總是耀眼奪目，門檻很高，對我來說是有點遙遠的存在。

而近在我身邊的母親，做事馬虎、粗心大意，總覺得她真的又笨拙又隨便，但她面對所有的差異，都認為不過只是出發點不同而毫不在意。

「這世上的一切，都是從三十八億年前的一個小細胞演化而成的，所以大家都是相同的生命。」她會用如此巨大的規模把所有人圈起來。這份生命力真是令人詫異，但我也認為這份生命力正是一種跨越國境般的世界級國際化。

是不是讓上述關於活躍國際女性的門檻降低了呢？

我很粗魯、粗心大意又馬虎，而且還是個貪吃鬼，但或許我也能成為活躍國際的女性呢。感謝大家聆聽。

## 預測對方的反應並先下手為強

這份演講的內容非常有趣呢。利用「在街友的帳篷中吃飯」這個相當獨特的小故事，讓人不自覺被她的故事吸引，也就能直率地聽進她「只要擁有不在意差異的心態，就能成為活躍國際的人才」的主張呢。

首先，這個演講最棒的地方在於以「我接下來會說很多我母親的故事，甚至可能讓大家懷疑我有戀母情結」這個前提開頭，她藉由這句話創造出**不樹敵**的狀況。

她說自己是「大軸」，大軸是戲劇用語，指的是最後一個戲目。最後一個，也就表示已經有許多女學生在她之前演講完了。

這些學生們大概說了「為了提升女性地位」或「國際化女性活躍的未來」等，某種意義上可謂為經典主題，關注在國際專業性上面的內容吧。

但木島同學想表達的終極訊息是「應該不需要想得那麼困難吧？國際性人才的本質就是能接納各種差異吧？」

但如果直白表達，或許會讓人覺得她在對前面學生們的主張，甚至認為她對主辦單位的活動本身找麻煩，如此一來，就很有可能不願意聽她說話了。

於是她在此刻意放個前提，傳達出「我接下來將要說些有點不同的話題，總之還請聽我說到最後」的意圖。

而且她還選用了「戀母情結」這樣稍微帶有否定的字詞，**藉此降低自己的地位**，這點也相當巧妙。

多數人認為演講要展現出威風凜凜的態度比較好，但站在聽者的立場，面對基本上第一次見面的講者，對方突然擺出居高臨下的態度說「這個就是這樣！」一時容易出現反抗心理。

在歐美的文化中，沒有自信的態度或許會被打出負面評價，但至少在日本不是這樣，她也充分考慮了這一點。

其實我到許多地方演講、寫書時也會做出相同的行為。

我平常的主張很可能否定學校既有的做法或育兒方法，雖然我想將這些訊息傳達給日本的教育人員及父母明白，但如果我劈頭就單方否定「大家的做法都錯了」會發生什麼事呢？會產生情感對立，讓人無法聽進我最重要的主張。

所以我在演講開頭常會說：

「或許有人會邊聽我說的話，邊想著『我明明是為了孩子好才那樣做，但我到底是做了什麼好事啊？』對自己感到很羞愧；也可能有人會產生『工藤先生，你那樣說不對吧，你的想法才是錯的。』等憤怒的情緒。但即使如此，也希望大家務必藉今天這個機會，給自己一個重新思考教育本質的機會。」

**預測對方的反應，接著刻意用言語表達出來**。一開始是否先放入這個前提，會讓話語表達出來的感覺完全不同。只要有這個前提，即使在聽我說話的過程中產生怒意，也能壓抑情緒繼續聽我說下去。

**預測對方的反應並先下手為強**，這點相當重要。

## 傳達意見時別否定對方也別強迫對方接受

木島同學的演講中，另一點值得參考的是她的總結。她在前面一直講著母親與姊妹的故事，最後才終於講到「拉回活躍國際女性的話題上」接著進入結論，此時她如此表現：

「在我心中對活躍國際的女性的印象，是真正接納人與人之間的差異，跨足世界的女性。」

你看出重點在哪裡了嗎？

她說「在我心中」，表示現在進行式。

但聽過她實際的主張，其實可以明白她並沒有這種想法。理論上思考，她採用過去式的「我過去認為」，或一般論調的「許多人如此認為」等等的形式也不奇怪，她卻刻意用了「在我心中」。

理由也跟方才提及的相同，是**為了避免意見正面衝突**。

為了讓大多數對活躍國際的女性有閃閃發亮印象的人願意聽進自己的主張，她故意說了「我也和大家抱持相同意見」。

這和靜香的自信溝通是相同邏輯的思考，藉由不否定社會上一般的想法，也讓她接下來要說的**「真心話」更容易直達人心**。

而在表達真心話時，她也不用斷定語氣，而是使用「我認為～應該～或許～」等柔軟的表現。

或許有人認為「如果想自我主張，用更明確的口氣說出來不就得了」，但對持反對意見的人來說，斷定語氣聽起來會像是被命令，容易產生情感對立。

為了避免這種狀況，才會刻意停留在「我自己是這樣認為」的表現上，**促使聽者本人能自行思考，創造出全新結論的自我變革**。

請讓我反覆重申，人的想法不可能輕易改變。完全沒有「只要說出理論正確的事情，就能改變他人意見」這種事情，因為人不是光憑道理行動，也會大幅受到情感左右。

如果你想要突破情感屏障改變對方的想法，不能採用強硬語氣試圖從外面破壞屏障，而是只把思考用的材料交給對方，**讓對方自行作出結論**，這個過程不可或缺。乍看之下繞遠路，但其實是最有效的方法。

## 簡報打動人心的七大秘訣

總共八堂課的「領導者養成講座」將在這堂課畫下句點，我想大家今後會有許多在人前說話的機會，所以最後，我想要傳授幾個簡報的秘訣給大家。

領導者**不需要是簡報天才**，但**言詞表達是領導者的工作**。學會能將自己的想法推廣給更多人理解的簡報技術，肯定能成為你將來的助力。

### ①決定好手的固定位置

從最簡單的開始說起，人類只要一緊張身體動作就會變多，真的有很多人在簡報時身體會不停擺動。手因為緊張發抖還容易有所自覺，但身體不停晃動的狀態意外地難以察覺。但聽者看到會十分在意而無法專注聽講。

緊張只要習慣就好，根本的解決方法只有多多體驗。

但如果想要立刻解決擺動身體的問題，你可以**決定好手的固定位置**。

頂著適合他的正字標記長髮，眾所皆知的「簡報之神」澤圓先生曾經告訴我，只要**將雙手交握於肚臍前的動作訂為基本狀態**，就可以大幅降低身體擺動。

如果有講臺，推薦大家可以**把手放在講臺邊緣**。如果單手要拿麥克風，另一隻手隨時保持握住講臺邊，雖然很簡單，但光這樣做就能大幅降低身體擺動。

②視線看著會場

我進行簡報時，會在開口說話前**看會場的四個角落**，依序從左後方、右後方、右前方、左前方畫出四方形的感覺。不是只轉動眼睛，臉也要跟著動，藉此表現**「我接下來要對你們每一位說話」**。

在簡報中也要**隨時意識自己的視線**，邊環視會場整體邊說話，偶爾要和哪個聽眾對上眼，接著又看全體，接著再看另一個人，反覆重複以上動作。

只是不聚焦地環視全場還不夠，**創造一對一的場面**很重要。如果沒有一對一的場面，怎樣都會出現感覺「我被忽視了」的人。

讀稿演講時也相同，一定要**盡可能抬起頭來看會場整體，以及聚焦看聽者**。結果可能會讓你讀錯講稿，但這樣也沒關係。

比起低著頭完美讀完講稿的講者，視線看著會場的人說出口的話更容易打動人心。低頭讀稿的人彷彿在自言自語，讓人難以湧起想聽他說話的心情。

木島同學的演講也是，仔細聽她影片中的聲音可知，雖然有些許說錯的地方，但這是因為她盡可能不低頭看稿。

請務必記住「要朝你臉面對的方向說話」。

③看對方的反應遣辭用句

這正是本堂課的主題，話語在打動人心時才有價值。所以即使事前已經準備好講稿，看見當天會場的反應**認為「這無法打動人心」就需要靈活改變說法**。

雖說如此，臨場發揮的難度還是很高。正因為如此，在準備講稿的階段**能夠預測會場會有怎樣的反應相當重要**。

④說話順序，特別要重視「抓住人心」

關於這點，我已經在剛剛分析荒川同學和木島同學的演講中提過了。

⑤說話要有輕重緩急

這是稍有難度的技巧，所以等到游刃有餘之後再學也可以，**「留白」**、**「音量」**與**「語速」**相當重要。

假設當你有重要主張時，別劈頭就秀出投影片，而是先問會場「大家認為這是什麼呢？」之後，還要刻意留白。

如此一來大家就會一起思考，會場會陷入一片寂靜。接著你再看好時機秀出投影片，此時帶來極富戲劇性的效果，讓人留下深刻印象。

⑥盡可能讓主語和敘述句的位置相近

口語和文章不同，會按照聽到的順序來解讀，因此，如果一句話太長會變得難以理解。

特別希望大家注意的是主語和敘述句的位置，**如果主語和敘述句距離太遙遠，就會變成難以理解的文章**（此處是以日文的文法邏輯來說明）。

我先舉反例給大家看。

×每天，我三年前搬到美國去住的堂兄會傳 Line。

「每天」與「三年前」這兩個時間軸互撞引起混亂，也可能被人誤會成「三年前搬到美國去住的人是我」。

如果要改善這一點，可以改寫成以下這段文章。

〇三年前搬到美國去住的堂兄，每天都會和我傳 Line。

主語的「我」和敘述句的「傳 Line」靠近後，就變成容易理解的文章了，或者是把文章分割成兩句也可以。

〇我和堂兄每天都會傳 Line，他三年前搬到美國去住。

如果主題是每天都會傳 Line，可以先說這件事，之後再補充關於堂兄的說明即可。反過來說，如果主題是堂兄住美國，寫成「我的堂兄三年前搬到美國去住，我和他每天都會傳 Line」就可以了。

## ⑦投影片別通篇文字

製作投影片也有技巧。

簡報中最重要的是「說出口的話」，而藉由「投影片」補充完整。卻有很多人以為「得靠投影片表達全部才可以」。

這種人做出來的投影片，文字一定很多，即使有放照片，主角仍是文字。而且因為寫太多字，字會變很小，會場後方的聽眾完全看不到。

製作投影片的技巧就是**「總之減少文字」**。

舉例來說，「今天要講三件事」時，只要將這三件事條列出來給大家看就夠了。進入詳細內容時，只要**秀出關鍵字表達現在正在講什麼，其他只放圖片也沒問題**。

報告書或企劃書等得在人前說明的情況，投影片文字會增加也沒辦法，但話說回來這類簡報的目的本來就是「再次重新對與會者說明報告書（企劃書）的內容」。

但在非此目的的簡報中，投影片越簡單越好。

## 隨時注意「尋找好話」

簡報技巧的說明到以上結束，對簡報及演講技術有興趣的人，我推薦可以去 YouTube 找史蒂夫・賈伯斯的簡報來看。

他被稱為簡報天才，許多日本經營者也會模仿他的做法。

我推薦以下兩則影片。

【iPod nano 產品發表】

這是世界最頂尖的簡報。從話題發展的方法、使用投影片的方法、留白的方法等等，整段影片全都值得參考。途中還有從自己的口袋中拿出商品的演出等等，引人驚奇。

【在史丹佛大學畢業典禮上的演講】

這場演講被譽為傳奇演講。演講內容本身打動人心，演講的方法也非常值得參考。

此時也罕見賈伯斯念稿，但他沒有忘記和聽者視線交會，也會配合會場的反應調整時機、音量以及語速。雖然沒有直接與聽者對話，但給人雙方互有溝通的印象，這是一流演說才能創造出來的感覺。

我想人人都認同賈伯斯是簡報天才，但這絕非天賦，他比任何經營者都重視簡報，也**比任何人都苦心練習**。

聽說假設兩年後預定推出產品，他會從現在開始準備簡報，在正式上臺前也會模擬正式上臺彩排好幾次。那些幹練的言行舉止是他**長年努力的成果**。

我認為賈伯斯這方面相當值得我們學習。

尋找打動人心的話語並非易事，至少我國、高中時還辦不到。

這是因為**只有隨時注意「尋找這類話語」的人**才有辦法找到那些話。

像在看什麼書籍時，看見「這好像可以用耶」的金句，就會珍惜地收進大腦的抽屜當中，在最適合用這句話的場面或時機試著拿出來用。如果一切順利，就能接著嘗試在其他場面是否也通用。

不需要焦急，希望大家能邊試錯邊做，慢慢學會。

## 第八堂課的重點

第八堂課的重點

簡報打動人心的七大秘訣：

① 決定好手的固定位置
② 視線看著會場
③ 看對方的反應遣辭用句
④ 說話順序，特別要重視「抓住人心」
⑤ 說話要有輕重緩急
（留白、音量、語速）
⑥ 盡可能讓主語和敘述句的位置相近
⑦ 投影片不要通篇文字

## 結語

或許有人邊讀這本書邊這樣想：

**「這本書的理想領導者，和社會上認為優秀領導者的形象相當不同耶。」**

我在本書中時不時提到「民主主義」這個名詞。

我期望的真正民主社會，並非擁有選舉權、保障人權這類，單純擁有完善民主制度的社會。

而是個人不須服從或依賴他人，處於自己思考、自由行動的自律狀態中，且同時尊重他人的社會。

在這樣由自律的個體組成的社會所追求的不是「人人喜愛的領導者」，不是「靠力量拉著大家前行的領導者」，也不是「自我犧牲奉獻的領導者」。

正如我在本書中說明的，是**能做到 Critical thinking，尊重他者，採取行

**動化解對立的人**。

只要團隊中的所有成員都能學會這類技術，視情況或場合，不管誰成為領導者，團隊也能好好運作。

所以這本書既是「領導者養成講座」，同時也是**「負責任市民養成講座」**。

當然也會出現「那只是理想論」的意見吧，但我確信這是很有希望能實現的。

這本書是以我在特別講座「領導者養成講座」的授課內容為基礎撰寫而成，但我在上一間任職學校，也就是進行學校改革的麴町中學裡，也常常對所有學生、所有教職員談論書中所提及的內容。

而在改革五、六年後，麴町中學已逐漸嶄露出我所追求的民主社會的樣貌了。橫濱創英現在也正出現類似的變化。

希望讀完這本書的各位，可以抱著希望與自信以成為領導者為目標。

最後，我有句話想要獻給背負日本未來的各位年輕人：

**為之便能成　不為之則一事無成　不成即因人之不為**

這是江戶時代屈指可數的明君，出羽國米澤藩藩主上杉鷹山對他的家臣所說的話，我最喜歡的是這段話的最後一句「不成即因人之不為」。

這段話有各種翻譯，但我認為是以下這個意思，隨時隨地拿來提醒自己：

**「無法實現是因為沒有去做，所以自己要先動起來。」**

也就是說，如果對什麼事情有所不滿，或者希望能實現哪些事情，總之自己要先動起來，把過錯推到他人身上或放任事態不管也不會有任何改變。

上杉鷹山是少數我很喜歡的領導者之一，他以十六歲幼齡成為米澤藩的領導者，接著花費約五十年時間重振米澤藩。

他原本出生在日向國高鍋藩，但不到十歲就被上杉家收為養子，徹底接受領導者該受的教育。十六歲繼承藩主之位時，米澤藩財政長期赤字，已經被逼入差一步就要將領地奉還給幕府的地步了。

請換位成現代來思考，從小學四年級開始接受領主教育，高一左右當上即將破產的都道府縣知事，還被要求要立刻做出成果來，相當驚險刺激對吧？

鷹山在那之後進行各項改革，終其一生為米澤藩鞠躬盡瘁。改革絕非一帆風順，他肯定遇到過許多失敗。

雖然是我的想像，我想「不成即因人之不為」是鷹山身處困境時說出的話。我想鷹山遇到「他人不願聽命行事」、「我說的話沒人聽懂」等煩惱時，每次都會對自己說**「我得自己先動起來才行」**。

我決心要改變日本的學校教育，邊嘗試錯誤邊努力中，也是鷹山這句話支持著我。

要成為領導者**不需要天賦**，每個人**只要擁有知識、練就技術、累積經驗**，就能成為優秀的領導者。

即使如此，當成為領導者率領團隊時，肯定還是會**遇到各種難題**，也可能**有心灰意冷的時候**。

這種時候，還請回想起我的這本書，以及鷹山的這句話。

國家圖書館出版品預行編目資料

15 歲開始的領導養成課：如何讓人願意聽你說話、幫你做事、接受你做出的決定？ / 工藤勇一著；林于梈譯 . -- 初版 . -- 臺北市：平安文化，2024.10
240 面；21×14.8 公分 . --（平安叢書；第 0815 種）（樂在學習；17）
譯自：改革のカリスマ直伝！ 15 歳からのリーダー養成講座
ISBN：978-626-7397-77-0（平裝）

1.CST：領導 2.CST：領導理論 3.CST：通俗作品

541.776 113013928

平安叢書第 815 種
樂在學習 017

# 15歲開始的領導養成課

## 如何讓人願意聽你說話、幫你做事、接受你做出的決定？

改革のカリスマ直伝！15歳からのリーダー養成講座

Original Japanese title: KAIKAKU NO CHARISMA JIKIDEN! 15 SAI KARANO READER YOSEI KOZA


作　　者—工藤勇一
譯　　者—林于梈
發 行 人—平　雲
出版發行—平安文化有限公司
台北市敦化北路 120 巷 50 號
電話◎ 02-27168888
郵撥帳號◎ 18420815 號
皇冠出版社（香港）有限公司
香港銅鑼灣道 180 號百樂商業中心
19 字樓 1903 室
電話◎ 2529-1778　傳真◎ 2527-0904
總 編 輯—許婷婷
執行主編—平　靜
責任編輯—蔡維鋼
行銷企劃—謝乙甄
美術設計— Dinner Illustration、李偉涵
插圖繪製— Yukari Kunitomo
著作完成日期— 2023 年
初版一刷日期— 2024 年 10 月

法律顧問—王惠光律師

讀者服務傳真專線◎02-27150507
電腦編號◎520017
ISBN◎978-626-7397-77-0
Printed in Taiwan
本書定價◎新台幣 350 元 / 港幣 117 元